청소년 입교교육

I-Faith
내가 믿음을 걸어갑니다

대한예수교장로회 총회교육자원부 편

한국장로교출판사

머리말

대한예수교장로회 총회 헌법에는 "모든 신자의 본분은 입교하여 서로 교제하며, 그리스도의 성례와 기타 법례를 지키며, 주의 법을 복종하며, 항상 기도하며, 주일을 거룩하게 지키며, 주를 경배하기 위하여……"(제1편 교리 제2부 신조 11)라고 규정하고 있다. 입교란 부모님의 신앙고백으로 유아세례를 받았던 사람이 13세가 넘으면 교회와 성도들 앞에서 자신의 믿음을 고백하고 교회의 정식회원이 되는 것이다. 교단 헌법은 모든 신자가 입교를 받아, 신앙 활동에 참여하는 것을 의무로 지정한 것이다.

총회 교육자원부는 세례교육서발간위원회를 두어 유아·아동 세례교육과 입교교육을 위한 교육 교재 개발과 교육 시행에 힘써오고 있다. 제106회 총회에서 유아, 아동세례 및 입교 관련 헌법이 개정됨에 따라 입교교육에 활용할 수 있도록 하는 교육교재를 연구하여 제109회기에 발간하게 되었다. 입교교육이 개인의 신앙을 확인하는 문답 차원에 머무르지 않고, 교리를 알아 신앙의 기준을 세우고, 입교인으로 살아갈 삶의 방향을 새롭게 하는 데 목적이 있다.

본 교재의 제목인 『I-Faith: 내가 믿음을 걸어갑니다』는 입교의 정의에서도 알 수 있듯이 부모의 신앙에 의해 유아세례를 받은 교인이 자신의 믿음을 고백하고, 교회의 정식 회원이 되어 신앙의 여정을 걸어가도록 하는 의미를 담고 있다. 교재의 내용은 『세례문답집』(개정판)의 입교문답을 중심으로, 일곱 가지 주제에 따라 입교교육을 시행할 수 있도록 전체 7강으로 구성되었다. 입교문답의 내용을 이해할 수 있도록 다양한 교육 방법을 적용하여 교리와 신앙생활에 관하여 학습하고, 학습자 개인이 신앙을 고백할 수 있도록 하였다.

본 서를 위해 후원해주신 고창중앙교회 전종찬 목사와 이숙영 권사께 감사드린다. 연구를 담당해주신 세례교육서 발간위원회 위원장 조용선 목사와 위원, 집필과 편집을 총괄해주신 안정도 교수와 집필진에 감사를 드리며, 편집을 담당하여 주신 총회 교육·훈련처 우진하 목사, 한국장로교출판사 사장이신 강성훈 목사와 직원 여러분들에게 감사를 드린다.

2025년 2월
대한예수교장로회 총회교육훈련처
총무 전호영 목사

발간사

제102회 총회 때 "아동세례 및 세례·입교 연령에 관한 연구위원회"를 조직하여 연구한바, 아동세례는 성경적, 신학적, 선교적, 교육목회적인 차원에서 필요하다는 결론에 이르게 되었다. 위원회는 제103회 총회에 아동세례 신설 및 세례 입교 연령 변경을 청원하였다. (유아세례를 출생-6세로 확대하고, 7-12세 아동에게는 아동세례를 신설하며, 세례·입교 연령을 13세로 변경) 헌법개정위원회의 개정안이 제106회 총회에서 통과되고, 노회 수의를 거쳐 2021년 11월 29일 총회장이 공포하였다.

제108회 총회는 '세례교육서발간위원회'(위원장:조용선)를 구성하였다. 세례교육서발간위원회의 과제는 두 가지였다. 첫째는 '세례문답집'의 개정이다. 아동세례가 도입되고, 세례, 입교의 연령도 변경되었기에, 세례문답집 개정이 시급했고, 위원회 연구를 통해, 2023년 12월에 세례문답집 개정판이 출간되었다. 유아세례자, 아동세례자, 성인세례자, 입교자를 위한 문답이 새롭게 보완되었고, 특히 '발달장애인의 세례에 관한 내용'이 첨가되었고, '21세기 대한예수교장로회 교리문답'이 부록으로 들어갔다.

위원회의 두 번째 과제는 '교육교재'를 만드는 것이었고, 위원회 연구를 통해, 2025년 2월 유아세례자 부모를 위한 교육서와 입교교육을 위한 교육서가 발간되었다.

본 교재는 '21세기 대한예수교장로회 교리문답'과 『세례문답집』(개정판)의 내용을 중심으로 다루고 있다. 단순한 지식 전달을 넘어 활동 중심, 토론 중심의 접근 방식을 제시하고 있기에, 입교교육 참가자들이 보다 적극적으로 참여할 것을 기대한다. 사도신경과 주기도문 찬양을 작곡해서 수록한 것도 앞으로 청소년의 신앙 문화 형성에 역할을 다할 것이다.

본 교재를 통해서 더욱 깊이 있는 신앙의 여정을 걸어가기를 기대하고, 앞으로 더욱 다양한 교육서가 발간되기를 바라며, 집필자인 안정도 박사와 송현진님, 박미향님에게 감사를 드린다.

조용선(세례교육서 발간위원장, 온무리교회)

서문

1. 들어가는 말

대한예수교장로회 통합교단은 하나님의 은혜를 드러내는 세례와 입교의 중요성을 깊이 인식하고, 변화하는 시대의 요청에 따라 의미 있는 개혁을 이어가고 있습니다. 이 과정에서 우리는 세례와 성찬이라는 거룩한 예식의 본질을 지키면서도, 교회의 전통 안에서 받은 은혜가 성장해 가는 세례와 입교교육을 더욱 강조하게 되었습니다.

최근 본 교단은 21세기 교리문답과 세례문답집의 개정을 통해 예배 예식, 교리, 신급에 있어 중요한 발전을 이루었습니다. 특별히 아동세례의 시행으로 교인구분이 원입교인, 유아세례교인, 아동세례교인, 세례교인(입교인)으로 세분화되었으며, 이에 따라 입교 연령이 13세 이상으로 조정되었습니다.

이러한 변화의 근간에는 깊은 신학적 성찰이 자리잡고 있습니다. 세례의 권위는 인간의 인지나 교육의 범위를 초월하는 하나님의 무한하신 은혜에 기초합니다. 하나님의 피조물인 모든 인간은 그 존재 자체로 하나님의 은혜를 인지할 수 있다는 신앙고백이 이를 뒷받침합니다. 이러한 이해를 바탕으로 우리는 부모의 신앙으로 받는 유아세례와 주체적 신앙으로 받는 아동세례를 인정하며, 나아가 발달장애인을 위한 세례문답까지 마련하게 되었습니다. 이는 세례가 지닌 하나님 은혜의 포괄성에 대한 우리 교단의 진정한 신앙고백입니다.

이러한 맥락에서 입교는 더욱 특별한 의미를 지닙니다. 그것은 단순한 통과의례가 아닌, 자신의 입으로 신앙을 고백하고 교회 공동체의 능동적 구성원이 되어가는 중요한 신앙교육의 과정입니다.

2. 입교의 정의와 중요성

입교는 초대교회의 교리문답학교(카테쿠메나테)부터 이어져 온 중요한 신앙적 의례입니다. 특히 체코 종교개혁에서부터 강조되어 온 입교는 루터와 칼뱅의 종교개혁을 거치며 소교리문답과 제네바 교리문답서를 통해 체계적인 교육의 기틀을 마련했고, 경건주의 시대에 이르러 교회의 예식 실천으로서 더욱 꽃을 피우게 되었습니다. 이처럼 입교는 개신교회의 교육의 역사요 전통으로 자리잡았으며, 현대에 이르러 세계교회는 그 의미를 더욱 풍성하게 발전시켰습니다. 특히 단순한 교리교육을 넘어 예배참여, 봉사활동, 신앙체험 등을 포함하는 통합적 교육과정으로 확장되었고, 최소 6개월에서 1년 이상의 교육기간을 통해 정기적인 멘토링과 소그룹 활동을 진행하며, 청소년기 정체성 형성과 연계된 성인식적 요소도 강화되었습니다. 오늘날 입교교육은 다양한 교육 방법론과 체험활동, 공동체 참여 등을 활용한 전인적 신앙교육으로 발전하고 있으며, 이에 대한 신학적, 교육학적 연구도 활발히 이루어지고 있습니다. 이러한 발전 과정에서 입교는 여전히 하나님의 은혜와 권위에 기반을 두되, 실천 방식에 있어서는 시대적 요구와 문화적 맥락을 고려한 유연한 적용이 이루어지고 있습니다.

3. 청소년 입교교육의 필요성

청소년기는 인간의 발달과정에서 가장 역동적이고 중요한 전환기입니다. 인지적, 정서적, 사회적으로 급격한 성장이 일어나는 이 시기에, 특히 13세는 아동기에서 청소년기로 넘어가는 결정적 시점입니다. 이때 청소년들은 자아정체성을 형성하기 시작하고 추상적 사고가 가능해지며, 자신의 가치관과 신념에 대해 진지하게 고민하기 시작합니다.
13세 청소년들의 발달적 특징을 살펴보면, 이들은 형식적 조작기에 진입하여 논리적, 비판적 사고가 가능해지고, 자신의 사고를 돌아보는 메타인지 능력이 형성됩니다. 감정의 깊이와 폭이 확장되며, 또래관계의 중요성이 커지고 부모로부터의 심리적 독립을 시도하는 등 사회적 관계에서도 큰 변화를 경험합니다.

이러한 13세는 입교교육을 시작하기에 가장 적절한 시기입니다. 사회적으로도 13세는 부모의 보호에서 벗어나 주체적인 자기 결정권을 갖기 시작하는 때이며, 14세부터는 법적으로도 자기 결정권이 인정됩니다. 또한 많은 문화권에서 13세를 성인식의 시기로 보아왔듯이, 이 시기의 청소년들은 신앙의 핵심 교리를 이해하고 개인적 신앙고백의 의미를 깨달을 수 있는 영적 성숙도에 도달합니다.

입교교육은 단순한 교육 프로그램이 아닙니다. 이는 청소년들이 스스로의 신앙을 고백하고 그리스도인으로서의 삶을 결단하는 거룩한 여정입니다. 이 과정을 통해 청소년들은 부모의 신앙으로부터 독립하여 자신만의 신앙을 형성하고, 교회 공동체의 책임 있는 구성원으로 성장하며, 그리스도인으로서의 정체성을 확립하게 됩니다.

이처럼 13세 청소년을 위한 입교교육은 발달심리학적 관점에서나 신앙교육적 측면에서 모두 적절한 시기에 이루어지는 중요한 과정이며, 이는 곧 인생의 중요한 전환점이자 신앙여정의 새로운 시작점이 됩니다.

4. 입교교육의 방향

신앙교육의 연속성과 체계성

본 교단의 입교교육은 교단의 신앙고백과 세례문답에 기초하여 체계적인 교육 구조를 확립합니다. 유아세례부터 아동세례, 그리고 그 이후의 모든 교리문답이 하나의 일관된 흐름 속에서 진행됩니다. 이러한 교육 체계는 창조주 하나님과 인간의 관계, 죄와 구원, 삼위일체 하나님에 대한 고백, 교회와 성례의 의미, 그리고 세상 속 그리스도인의 삶이라는 핵심 주제들을 포괄합니다.

 이러한 구조화된 교육 체계는 신앙이라는 거대한 체계를 체계적으로 정리한 것으로, 교단의 모든 구성원이 어린이부터 성인에 이르기까지 동일한 구조 안에서 단계적으로 성장할 수 있도록 설계되었습니다. 본 교재는 이러한 교육적 연속성을 반영하여, 유아세례와 아동세례를 받은 어린이들이 입교교육을 거쳐 성인 교육으로 자연스럽게 발전해 나갈 수 있도록 구성되어 있습니다.

현대 청소년의 특성을 고려한 교육

오늘날의 청소년들은 이전 세대와는 다른 독특한 특성을 보이며, 이러한 차이는 앞으로도 계속해서 변화할 것으로 예상됩니다. 청소년의 발달은 단순히 신체적 성장에 국한되지 않고, 시대의 변화와 세대 간의 차이 등 다양한 맥락 속에서 이해되어야 합니다. 최근의 청소년 연구들은 이들의 주요 특징으로 다음과 같은 점들을 제시합니다.

현대의 청소년들은 사회적 영향에 민감하게 반응하면서도 강한 소속감의 욕구를 보이며, 동시에 자기 결정권과 주체성을 강조하는 특징을 보입니다. 또한 끊임없이 새로운 놀이문화가 등장하고 변화하는 환경 속에서 살아가고 있습니다. 이러한 상황에서 그리스도인으로서, 그리고 우리 교단의 교인으로서의 정체성을 어떻게 형성하고 발전시켜 나갈 것인가는 중요한 과제가 됩니다. 본 교재는 이러한 현대 청소년들의 특성을 충분히 고려하여, 그들의 필요와 상황에 적합한 교육 내용과 방법을 제시하고자 합니다.

현대적 교육방법의 적용

현대 교육학의 흐름은 청소년들의 학습 방식에 대한 새로운 이해를 제시합니다. 비록 청소년들이 논리적, 추상적 사고가 가능한 발달단계에 있지만, 이론이나 교리를 단순히 인지적으로 학습하는 것을 넘어, 이를 자신의 이야기로 받아들이고 체험하는 과정이 더욱 중요해졌습니다. 특히 정서지능이론과 메타인지이론이 부각되면서, 교육에서 서사적 접근의 중요성이 더욱 강조되고 있습니다.

이러한 교육적 패러다임의 변화는 신앙교육에도 중요한 시사점을 제공합니다. 교리교육이 단순한 지식의 전달을 넘어, 청소년들이 그 의미를 자신의 삶 속에서 발견하고 체험하는 과정으로 확장되어야 합니다. 이때 일상의 경험은 의미 있는 체험이 되고, 이 체험은 다시 개인의 신앙 이야기로 발전하게 됩니다.

아동교육에서 활용되는 교육방법론의 핵심개념은 어린이들이 교리를 성경 이야기로 이해한다는 것입니다. 마찬가지로 청소년들은 그들의 발달 특성과 요구에 맞게 친구와의 관계, 그리고 공동체 활동을 통해 교리를 받아들일 수 있습니다. 본 교재는 이런 점을 주목하며, 다양한 공동체 체험활동을 채택하고 있습니다. 특히 마음열기 활동들과 다양한 놀이활동을 통해 교리를 스스로 생각하며 체득하도록 구성되어 있습니다.

이러한 체험적, 서사적 접근은 청소년들이 신앙의 진리를 단순히 아는 것을 넘어, 삶 속에서 실천하고 경험하며, 궁극적으로는 자신의 신앙 이야기로 발전시킬 수 있도록 돕습니다. 이를 통해 입교교육은 더욱 의미 있고 효과적인 신앙형성의 과정이 될 수 있을 것입니다.

5. 교리교육의 목표 : 신앙의 내면화와 실천

교리교육의 궁극적인 목표는 단순한 지식의 습득이 아닌, 신앙의 진정한 내면화와 실천적 삶의 구현에 있습니다. 이는 세 가지 중요한 차원으로 이해될 수 있습니다.

첫째, '내가 이해하는 신앙'입니다. 교리는 단순히 암기하고 학습하는 대상이 아닌, 개인적 차원에서 깊이 이해하고 받아들이는 진리가 되어야 합니다. 청소년들은 입교교육을 통해 신앙의 핵심 진리들을 자신의 언어로 이해하고 해석하며, 이를 통해 하나님과의 개인적 관계를 형성해 갑니다.

둘째, '내가 살아가는 신앙'입니다. 이해된 진리는 반드시 삶으로 이어져야 합니다. 교리는 일상의 구체적인 상황 속에서 실천되고 경험되어야 하며, 이를 통해 신앙은 생활 속에서 살아 숨 쉬는 실제가 됩니다. 청소년들은 자신들의 일상적 경험 속에서 신앙의 의미를 발견하고, 이를 통해 그리스도인으로서의 정체성을 형성해 갑니다.

셋째, '교회와 세상의 사람이 되는 신앙'입니다. 개인의 이해와 실천을 넘어, 신앙은 공동체성과 사회적 책임으로 확장되어야 합니다. 청소년들은 교회 공동체의 일원으로서 믿음의 형제자매들과 연대하며, 동시에 세상 속에서 그리스도의 제자로서 빛과 소금의 역할을 감당하게 됩니다.

이러한 세 차원이 조화롭게 통합될 때 교리교육은 진정한 의미를 가집니다. 청소년들은 이 과정을 통해 신앙의 본질을 깨닫고, 이를 삶으로 실천하며, 교회와 세상에서 책임 있는 그리스도인으로 성장하게 됩니다.

차례

청소년 사도신경 주제가
청소년 주기도문 주제가
들어가며 : 입교는 무엇일까요?

Ⅰ. 나 : 나는 하나님의 거울친구입니다 19

Ⅱ. 하나님 : 하나님은 선하십니다 29

Ⅲ. 예수 그리스도 : 예수님은 나의 구주, 하나님의 아들이십니다 39

Ⅳ. 성령 : 우리를 이어주는 성령 하나님 53

Ⅴ. 교회 : 믿음이 자라나는 구원의 품 63

Ⅵ. 성례 : 구원의 문, 믿음의 길 73

Ⅶ. 하나님 나라 백성의 삶 85

부록 : 입교 카드 96

청소년 사도신경 주제가

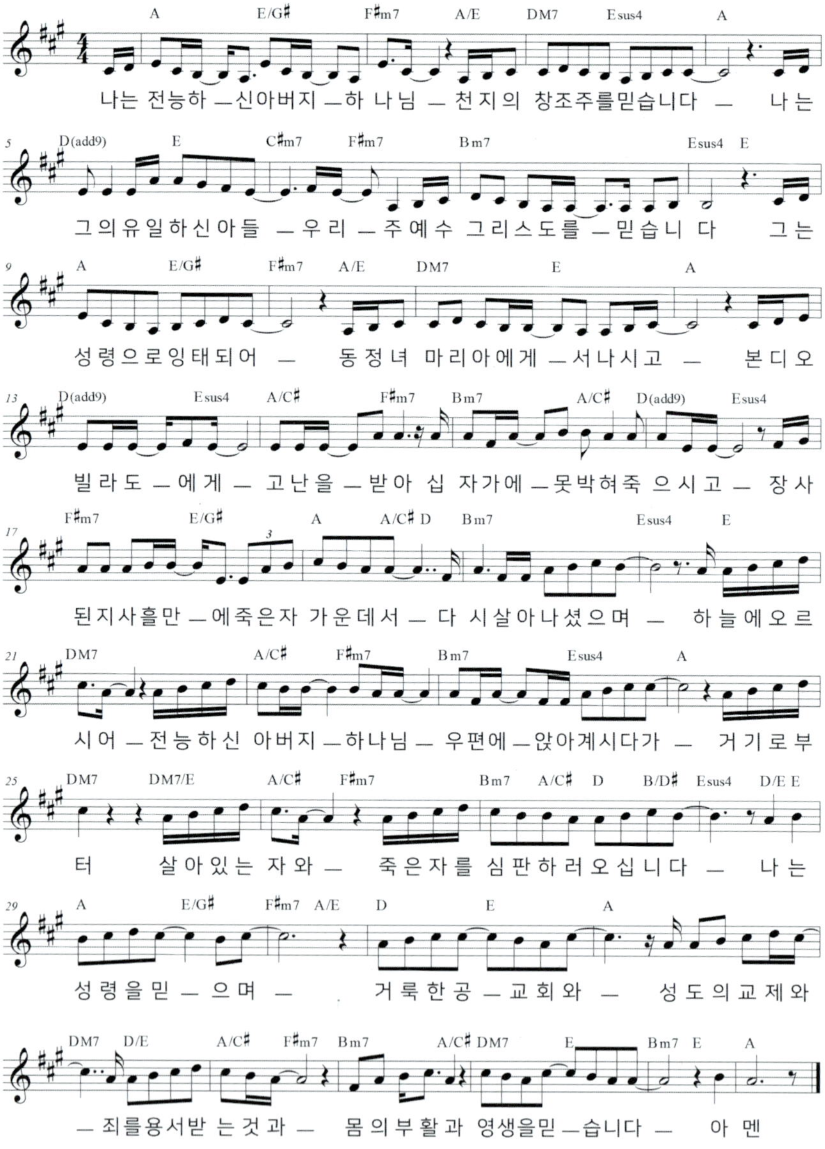
나는 전능하 — 신아버지 — 하 나님 — 천지의 창조주를믿습니다 — 나는
그의유일하신아들 — 우리 — 주예수 그리스도를 — 믿습니 다 그는
성령으로잉태되어 — 동정녀 마리아에게 — 서나시고 — 본디오
빌라도 — 에게 — 고난을 — 받아 십 자가에 — 못박혀죽 으시고 — 장사
된지사흘만 — 에죽은자 가운데서 — 다 시살아나셨으며 — 하늘에오르
시어 — 전능하신 아버지 — 하나님 — 우편에 — 앉아계시다가 — 거기로부
터 살아있는 자와 — 죽은자를 심판하러오십니다 — 나는
성령을믿 — 으며 — 거룩한공 — 교회와 — 성도의교제와
— 죄를용서받 는것과 — 몸의부활과 영생을믿 — 습니다 — 아 멘

청소년 주기도문 주제가

Music by 백하슬기

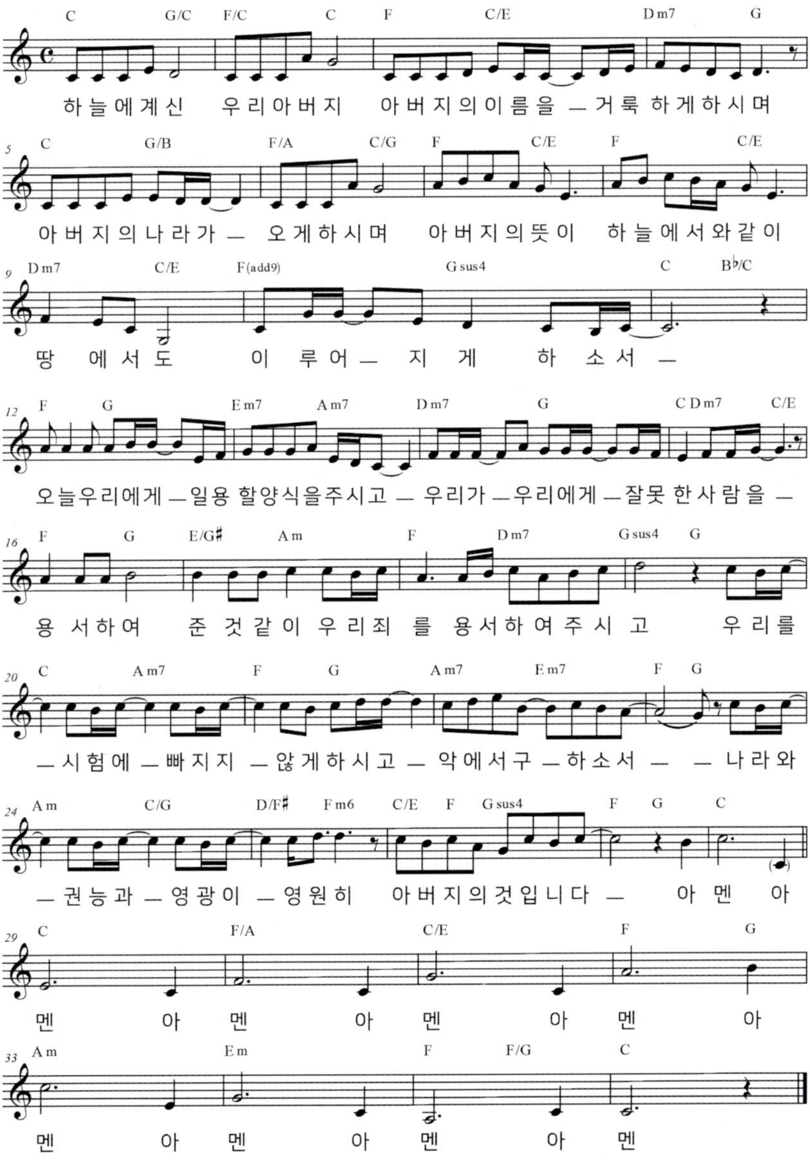

들어가며 : 입교는 무엇일까요?

예수님을 구주로 고백하고,
하나님의 은혜에 응답하는 것입니다

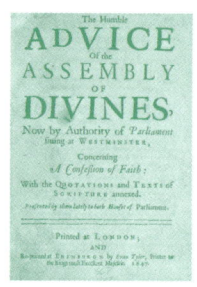

〈신앙고백서〉

개신교의 중요 신앙고백이고, 통합 교단의 헌법책에는 웨스트민스터 신앙고백과 대한예수교장로회 신앙고백서를 수록하고 있다.

주후 2세기 교회는 '카테큐메나트'(Katechumenat)라는 것을 시행했습니다. 교회에 처음 온 사람에게 세례예비자, 세례지원자가 되게 하여, 2~3년 동안 교육을 하고 세례를 받게 한 것입니다. 기초교리, 세례, 성찬 등에 관해서 가르쳤을 뿐만 아니라, 삶 속에서 말씀대로 사는 것을 권장했습니다.

16세기 종교개혁자들은 '입교'가 갖는 교육적 의미를 중요시하였습니다. 종교개혁자들에 의한 개혁교회들(Reformed church)은 유아세례를 받은 사람에게 1~2년 동안 입교교육을 실시하였습니다.

오늘날 서구의 개혁교회들은 여전히 1~2년 동안의 입교교육을 실시하고 있고, 해당자들은 입교교육을 받은 후에 입교식에 참여하고 있습니다. 입교교육의 주제를 보면, 기초 교리 부분은 삼위일체 하나님, 죄, 기도, 교회력, 교회, 성경 등이고, 삶과 관련된 부분은 생명 경외, 평화, 자유, 소유, 정의 등입니다.

> 사람이 마음으로 믿어 의에 이르고
> 입으로 시인하여 구원에 이르느니라
> (로마서 10장 10절)

의미

종교개혁자들은 입교를 교회 입회로, 세례신앙고백의 갱신으로 이해했고, 입교식에 축복행위로서 안수와 교회의 중보기도를 포함시키기도 했습니다. 18세기 경건주의자 스페너(P. Spener)는 회심과 결단을 강조하며, 입교를 공개적인 선언으로 이해했습니다.

『세례문답집』에서 입교를 "부모의 서약으로 유아세례를 받은 이들이 가정과 교회에서 신앙적으로 자라서, 13세 이상 되었을 때 각자가 당회 앞에서 자기 신앙고백을 하고, 예배 중에 서약을 하는 예식"으로 정의하고 있습니다.

서구 교회는 입교를 신앙적 성인식으로 간주해 왔습니다. 하나님의 은총으로 유아세례를 받은 사람이 자신의 신앙적 정체성을 확립하여, 청소년기에 속하지만, 신앙적으로는 성인과 같은 독립된 신앙을 확인하는 예식입니다. 입교는 스스로 예수 그리스도를 구주로 고백하고, 하나님의 은총에 대한 개인적인 응답을 하는 것입니다.

내용

대한예수교장로회 신앙고백과 『세례문답집』(2023 개정판)의 내용과 동일하게 진행됩니다.

방법

일방적인 전달 위주의 교수방법은 입교 대상자의 참여를 제한하고, 흥미를 잃게 할 수 있습니다. 교육, 수업이 아니라 입교를 위한 '활동'이 되어야 합니다. 본 교재를 통해서 교사가 학생이 되기도 하고, 학생이 교사가 되기도 하는 상호작용이 일어나는 것이 좋습니다.

1

나
나는 하나님의 '거울 친구'입니다

여러분, 우리 함께 특별한 여행을 떠나볼까요?

이 과에서는 '나는 누구일까?'라는 궁금증부터 시작합니다. 하나님께서 나를 어떻게 만드셨는지, 그리고 내가 얼마나 소중한 존재인지를 함께 알아볼 거예요. 우리는 하나님의 형상대로 창조된 정말 특별한 사람들이에요. 이것이 우리 삶과 신앙에서 어떤 의미를 가지는지 함께 생각해 보면 좋겠어요. 자, 이제 시작해 볼까요?

먼저 생각해 보기

1. 나는 누구입니까?
2. 하나님의 형상으로 창조됐다는 것은 어떤 의미입니까?
3. 하나님께서 창조하신 피조물인 나는 누구입니까?
4. 나는 어떻게 하나님의 자녀가 됐습니까?
5. 나는 어떻게 살아야 합니까?

마음 열기 - 나도! 게임

이렇게 해요

1. 모두 함께 큰 원을 만들어요.

2. 한 명씩 돌아가면서
나를 소개할 수 있는 한 문장을 말해요.
말하면서 원 안쪽으로 한 걸음 걸어 들어가요.

3. 어떤 걸 말하면 될까요?
"나는 이씨예요" "나는 BTS팬이에요" "나는 뿔테 안경을 썼어요" 이런 식으로 나를 소개할 수 있는 어떤 것이라도 좋아요!

4. 그 외의 다른 친구들은
'나에게 해당한다'라고 생각된다면
"나도~!" 하고 외치며 원 안쪽으로 한 걸음 걸어 들어가요.

5. "나도!"라고 외치는 친구가 있다면

최대 5번까지 더 말할 수 있어요.

"나도!" 친구들은 계속 안쪽으로 들어와요.

6. "나도!"가 없다면

모두 처음 자리로 돌아가요.

그리고 다음 친구에게 차례가 넘어가요.

7. 좀 더 쉽게 하고 싶다면?

말하기 어려운 친구들을 위해 단계별로 나눠볼 수 있어요.

- 1단계 : 이름, 학교, 학년 같은 기본적인 것들
- 2단계 : 머리 스타일, 옷, 신발 같은 겉모습
- 3단계 : 취미나 좋아하는 것들

어떤 걸 말해야 할지 모르겠다면, 이렇게 하나씩 해보면 더 쉬워요!

말씀 열기

다음 성경 구절 중 하나를 선택해서 성경을 직접 펼쳐서 돌아가며 읽어볼까요?

창 1:27 | 골 3:10 | 엡 2:10 | 요 1:12 | 롬 12:1-2 | 고전 10:31

찾은 구절들을 아래 그림들과 연결해 보세요.
말씀을 읽으며 떠오른 생각이나 느낌을 적어보세요.
친구들과 함께 나누고 싶은 이야기가 있다면 써보세요.

 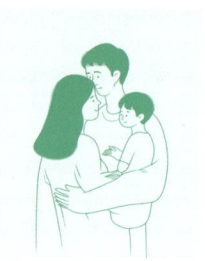

I-Faith : 질문과 고백

1. 나는 하나님의 형상 (Imago Dei)

Q 나는 누구일까요?

A 나는 하나님의 거울 친구입니다.

우리는 자주 누군가를 닮았다는 말을 듣거나, 닮고 싶은 사람을 찾습니다. 그런데 놀라운 사실이 있습니다! 성경은 우리가 이미 하나님을 닮았다고 합니다. 이걸 어려운 말로 'Imago Dei'(하나님의 형상)라고 해요. 쉽게 말하면, 우리는 하나님의 이미지라는 겁니다. 마치 거울이 우리 모습을 비추듯, 우리 안에는 하나님의 모습이 담겨있어요. 나를 보면 하나님이 보이고, 하나님을 보면 내가 보인다는 것입니다. 왜냐하면 하나님이 직접 창조하신 나는 하나님의 모습을 닮도록 하셨기 때문입니다.

2. KFC : Know!(하나님을 알고) + Follow!(따르고) + Convert!(변화되기)

Q 하나님의 형상으로 창조됐다는 것은 어떤 의미입니까?

A 나는 하나님을 알고, 그대로 따르고, 변화됩니다.

우리는 좋아하는 것이 있습니다. 좋아하는 유튜버, 아이돌, 친구……. 그들의 영상을 보고, 노래를 듣고, 함께 시간을 보내면서 점점 더 잘 알게 됩니다. 마치 '아낌없이 주는 나무' 이야기처럼, 서로를 알아가고 사랑하면서 관계가 깊어집니다. 그런데 놀라운 사실! 하나님은 이미 우리를 완벽하게 알고 계십니다. 우리의 모든 것을 아십니다. 내가 무엇을 좋아하는지 내가 무엇을 잘하는지 내가 언제 기쁜지, 슬픈지를요. 그리고 하나님은 우리를 너무나 사랑하시고, 우리가 하나님께서 지으신 그대로 회복되어 변화되기를 원하십니다.

K.F.C

3. 연결된 듀엣

Q 하나님께서 창조하신 나는 누구입니까?
나는 어떻게 하나님의 자녀가 되었나요?

A 하나님과 나는 듀엣(Duet)과도 같아요.
하나님과 우리는 하나로 연결되어 있어요.
그래서 서로 떨어져서, 다른 마음과 행동으로 살 수 없어요.

혹시 듀엣 공연을 본 적 있나요? 두 사람이 함께 부를 때 서로 맞춰가며 하나의 아름다운 노래가 됩니다. 하나님과 우리의 관계도 그렇습니다. 우리는 하나님과 떨어질 수 없는 하나입니다. 내가 기쁠 때 하나님도 기뻐하십니다. 내가 슬플 때, 하나님도 마음 아파하십니다.

내가 고민할 때, 하나님도 함께 고민하십니다. 마치 듀엣처럼, 하나님과 나는 서로가 연결되어 같은 곳을 바라보며 함께 걸어갑니다.

신앙 산책

시네마 천국(1988년 작품, 주세페 토르나토레 감독)

어린 시절, 누구나 한 명쯤 '특별한 어른'이 있죠? 이 영화는 한 소년에게 삶의 멘토가 되어준 영화관 할아버지 이야기예요. 그리고 그 특별한 만남이 한 사람의 인생을 얼마나 아름답게 만들 수 있는지 보여주는 감동적인 이야기입니다.

이탈리아의 작은 마을, 살바토레라는 꼬마가 있었습니다. 아버지를 잃은 후, 그에게 영화관은 제2의 집이 되었고, 영사기사 알프레도는 아버지 같은 존재가 되었죠. 알프레도는 까칠한 겉모습과 달리, 살바토레에게 영화보다 더 중

> **지도자 TIP**
>
> "시네마 천국"은 1980년대 후반 이탈리아의 한 작은 마을을 배경으로 한 이야기입니다. 주인공 살바토레(애칭 '토토')는 현재 로마의 성공한 영화감독입니다. 어느 날 그는 30년 만에 고향에서 전화를 받습니다. 그의 오랜 멘토였던 알프레도가 세상을 떠났다는 소식이었죠. 이 소식을 듣고 살바토레는 어린 시절을 회상합니다. 6살이었던 그는 마을의 유일한 영화관 '시네마 파라디소'에서 많은 시간을 보냈습니다. 영화관 기사실의 알프레도는 까칠했지만, 점차 토토의 친구이자 인생의 스승이 됩니다. 알프레도는 토토에게 영사기 조작법을 가르치고, 영화에 대한 열정을 키워줍니다. 비극적인 화재 사고로 알프레도는 시력을 잃게 되고, 토토는 새로운 영화관의 영사기사가 됩니다. 청년이 된 토토는 아름다운 은행원의 딸 엘레나와 사랑에 빠지지만, 그들의 관계는 순탄치 않았습니다. 결정적인 순간, 알프레도는 토토에게 고향을 떠나 더 큰 꿈을 좇으라고 조언합니다. 토토는 엘레나와 이별하고 로마로 떠나 성공한 영화감독이 됩니다. 30년 만에 고향에 돌아온 토토는 알프레도의 장례식에 참석하고, 그가 남긴 특별한 선물을 받습니다. 그것은 알프레도가 오랫동안 모아온 필름 조각들로, 과거 교회의 검열로 잘려나간 영화 속 키스신들이었습니다. 이 마지막 선물을 통해 토토는 과거와 화해하고, 앞으로 나아갈 용기를 얻게 됩니다.

요한 인생의 지혜를 가르쳐줬어요. 꿈을 향해 달려가는 용기, 다른 사람을 진심으로 아끼는 마음, 그리고 인생의 소중한 순간들을 기억하는 법을 말이에요. 때로는 엄하게, 때로는 따뜻하게 살바토레를 이끌어주었습니다.

세월이 흘러 유명한 영화감독이 된 살바토레는 어느 날 고향에서 뜻밖의 연락을 받습니다. 오랜만에 돌아간 고향에서 그는 자신의 과거를 마주하게 되죠. 화려한 도시의 성공도, 명성도 채워주지 못했던 마음의 빈자리가 바로 이곳에 있었음을 깨닫게 됩니다. 그 작은 영화관에서의 추억들, 알프레도와 나눈 대화들, 그리고 그가 들려준 인생의 교훈들……. 이 모든 것이 지금의 자신을 만들어준 소중한 씨앗이었다는 걸 알게 되죠.

이 영화는 우리에게 묻습니다. 우리 인생에서 정말 소중한 것은 무엇일까? 누군가의 따뜻한 사랑과 가르침이 한 사람의 인생을 얼마나 풍요롭게 만들 수 있는지, 그리고 그 사랑의 힘이 얼마나 오래도록 영향을 미치는지 보여주고 있어요.

생각해 보기

살바토레가 알프레도를 만나 영화를 배우고 성장했듯이, 우리도 하나님을 만나 믿음 안에서 자라납니다. 알프레도가 살바토레를 늘 지켜보고 이끌어주었듯, 하나님도 우리를 늘 바라보시고 인도하시죠. 때로는 엄하게, 때로는 따뜻하게 말이에요.

영화에서 살바토레는 알프레도를 통해 자신의 길을 발견합니다. 우리도 하나님과의 관계 속에서 우리만의 특별한 사명을 찾아가요. 하나님은 우리 각자에게 소중한 달란트를 주셨고, 그것을 어떻게 써야 할지 알려주시니까요. 30년이 지나 고향에 돌아온 살바토레처럼, 우리도 때때로 멈추어 서서 생각해봐야 해요. '나는 누구일까?', '하나님은 나를 어떻게 보실까?', '하나님은 나를 통해 무엇을 하기 원하실까?' 이런 질문들을요.

- 알프레도가 살바토레에게 영화를 가르쳐준 것처럼, 하나님은 나에게 어떤 특별한 재능을 주셨나요?
- 살바토레가 알프레도를 통해 삶의 의미를 배웠듯이, 나는 하나님을 통해 무엇을 배우고 있나요?
- 하나님은 지금 이 순간에도 나의 인생의 감독으로 함께 하고 계신다는 걸 느끼나요?

정리하기

1. 나는 누구입니까?
2. 하나님의 형상으로 창조됐다는 것은 어떤 의미입니까?
3. 하나님께서 창조하신 피조물인 나는 누구입니까?
4. 나는 어떻게 하나님의 자녀가 됐습니까?
5. 나는 어떻게 살아야 합니까?

1-5번 입교카드를 보면서 여러분의 이야기를 만들어 볼까요? 천천히 질문을 읽고, 자신만의 생각과 경험을 이야기해 보세요. 여러분의 진실된 고백이 정답입니다.

2

하나님
하나님은 선하십니다

"하나님은 어떤 분이실까요?" 이 과에서는 우리가 믿는 하나님이 어떤 분이신지 더 깊이 알아가는 시간을 가질 거예요. 우리는 종종 이런 질문을 하게 됩니다. "하나님은 정말 나를 사랑하실까?", "왜 하나님은 이런 일이 일어나게 하셨을까?", "하나님은 지금 내 기도를 들으시는 걸까?" 이 과에서는 이런 궁금증들을 함께 풀어보려고 해요. 하나님의 놀라운 사랑과 공의, 우리를 향한 특별한 계획, 그리고 때로는 이해하기 어려운 상황 속에서도 변함없이 우리와 함께하시는 하나님의 모습을 발견하게 될 거예요. 우리가 하나님을 더 깊이 알아갈수록 우리의 삶도 더욱 특별해질 거예요. 하나님의 성품을 이해하고, 우리를 향한 하나님의 마음을 발견하며, 일상에서 하나님과 동행하는 법을 배우게 될 거예요.

> **먼저 생각해 보기**

6. 나를 지으신 하나님은 어떤 분이십니까?
7. 하나님은 어떤 특성을 가지고 계십니까?
8. 하나님은 어떤 성품을 가지고 계십니까?
9. 하나님께서 세상과 사람을 창조하시고 무슨 말씀을 하셨습니까?
10. 오늘의 세상과 사람은 여전히 창조 때처럼 하나님께서 보시기에 좋습니까?
11. 그렇게 된 이유가 무엇입니까?
12. 죄는 무엇입니까?
13. 죄의 결과는 무엇입니까?
14. 죄에서 돌이키지 않으면 어떻게 됩니까?

마음 열기 : 나의 성품, 하나님의 성품 찾기

친절한	용감한	정직한	성실한	창의적인	호기심 많은	인내심 있는	자비로운	열정적인	겸손한
독립적인	침착한	활발한	충성스러운	관대한	민첩한	신중한	자신감 있는	우아한	기민한
차분한	끈기 있는	사려 깊은	유머 있는	온화한	강인한	예의바른	책임감 있는	열린 마음을 가진	화합을 추구하는
공손한	자유로운	낙관적인	비판적인	참을성 있는	포용력 있는	정열적인	냉정한	실용적인	모험심 있는
독창적인	교양 있는	유연한	배려 깊은	대담한	조심스러운	명랑한	순수한	성숙한	꾸준한
감성적인	다정한	신속한	효율적인	기쁜	애정 어린	질서 정연한	신비로운	상냥한	담대한
지적인	유쾌한	강직한	의욕적인	안정적인	실질적인	개방적인	평화로운	정의로운	신뢰할 수 있는
빠른	재미있는	견고한	꿈꾸는	혁신적인	실제적인	적극적인	경쟁적인	희생적인	매력적인
진취적인	타협적인	심오한	재치 있는	묵직한	빈틈없는	영리한	다재다능한	무심한	주의 깊은
이타적인	자기 주도적인	진실한	목적 지향적인	유익한	비전 있는	실천적인	인정많은	단호한	자립적인

> **이렇게 해요**

100개의 형용사가 있습니다. 그중에서 나를 가장 잘 표현하는 형용사 10개를 골라보세요.

이제 조별로 모여 앉아서 한 명씩 돌아가며 서로의 성품을 맞혀볼 거예요. 친구들은 "이 친구는 이런 성품을 가졌을 것 같아요."라고 이야기하고, 맞히면 1점을 얻게 됩니다. 친구의 평소 모습을 생각하면서 왜 그렇게 생각했는지 재미있게 이유를 설명해도 좋아요.

마지막으로 가장 많이 맞힌 사람이 우승하게 됩니다.

말씀 열기

다음 성경 구절 중 하나를 선택해서 성경을 직접 펼쳐서 돌아가며 읽어볼까요?

창 1:1 | 시 8:3 | 출 3:14 | 딤전 1:17 | 마 5:48 | 히 4:43 | 창 17:1
요일 4:8 | 시 33:5 | 시 102:27 | 창 1:31 | 창 2:17 | 롬 5:12 | 창 3:8, 24
요일 3:4 | 롬 1:21, 28 | 롬 2:5 | 살후 1:9

찾은 구절들을 아래 그림들과 연결해 보세요.
말씀을 읽으며 떠오른 생각이나 느낌을 적어보세요.
친구들과 함께 나누고 싶은 이야기가 있다면 써보세요.

 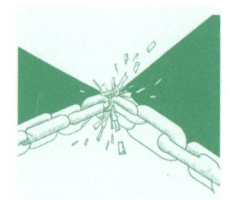 

I-Faith : 질문과 고백

1. 선하신 창조주

Q 나를 지으신 하나님은 어떤 분이십니까?
A 하나님의 선하신 창조주이십니다.

세상이라는 거대한 캔버스 위에 사랑과 기쁨이 넘치는 최고의 예술가가 계십니다. 바로 우리의 '하나님'이십니다. 하나님은 마치 아이가 좋아하는 장난감을 가지고 노는 것처럼, 기쁘고 즐거운 마음으로 이 세상을 만드셨어요. 해와 달, 별빛 가득한 밤하늘, 꽃들과 나무, 바다와 산, 그리고 우리 자신까지……. 이 모든 것을 만드실 때마다 하나님은 사랑으로 미소 지으셨을 겁니다. 하나님은 우리를 만드실 때, 독특한 이야기와 개성을 가지도록 정성스럽게 디자인하셨죠. 마치 한 편의 그림을 그리는 화가가 붓 터치 하나하나에 마음을 담듯, 하나님은 깊은 애정과 즐거움으로 창조 세계라는 대작을 완성하셨습니다. 더 놀라운 건, 사랑, 기쁨, 평화 같은 눈에 보이지 않는 것들도 하나님이 우리를 위해 특별히 준비하신 선물이라는 거예요. 이 모든 것이 어우러져 우리의 삶을 아름답게 만들어주고 있습니다.

2. 하나님의 성품이니셜?

Q 하나님은 어떤 특성을 가지고 계십니까?
하나님은 어떤 성품을 가지고 계십니까?

A 제가 생각하는 하나님의 성품이니셜은 ○○○○입니다.

ABC?

하나님은 사랑이 많으시고(Loving), 정의로우시며(Just), 자비로우시고(Merciful), 진실하십니다(Truthful). 인내심이 크시고(Patient), 거룩하시며(Holy), 전능하시고(Omnipotent), 모든 것을 다스리십니다(Sovereign). 또한 신실하시고(Faithful), 창조적이시며(Creative), 의로우시고(Righteous), 친절하십니다(Kind). 영원하시고(Eternal), 지혜로우시며(Wise), 은혜로우시고(Graceful), 변함없으신(Immutable) 분이시죠.

이 중에서 여러분에게 특별히 와닿는 성품 4가지를 골라보세요. 그리고 그 성품들의 첫 글자를 모아 나만의 단어를 만들어보세요. 예를 들어, Love + Just + Wise + Holy를 고르면 'LJWH'가 되는 거예요. 이렇게 만든 단어는 여러분에게 특별한 의미가 될 거예요.

3. 다시 돌아갑시다!

Q 하나님께서 세상과 사람을 창조하시고 무슨 말씀을 하셨습니까?
오늘의 세상과 사람은 여전히 창조 때처럼 하나님께서 보시기에 좋습니까?
그렇게 된 이유가 무엇입니까?
죄는 무엇입니까?
죄의 결과는 무엇입니까? 죄에서 돌이키지 않으면 어떻게 됩니까?

A 인간은 하나님을 떠나 죄를 지었습니다. 돌이키지 않으면 죽고, 돌이키면 삽니다.

인간 모두의 내면에는 두 가지 모습이 공존합니다. 로버트 스티븐슨의 소설 『지킬 박사와 하이드』는 이런 인간의 이중성을 잘 보여주는 이야기입니다. 존경받는 의사인 지킬 박사가 실험을 통해 자신의 내면에 숨어있던 사악한 하이드로 변하게 되죠. 이 이야기는 우리의 현실을 잘 반영합니다.

하나님은 우리를 선하게 창조하셨지만, 인간의 자유의지로 인해 죄가 들어왔습니다. 우리는 종종 지킬 박사처럼 선한 의도를 가지고 있으면서도, 하이드처럼 죄의 유혹에 넘어가곤 합니다.

하지만 지킬 박사와 우리는 다릅니다. 우리에겐 예수 그리스도를 통한 구원이라는 희망이 있기 때문입니다. 진정한 회개를 통해 우리는 하나님이 본래 의도하신 모습을 회복할 수 있습니다. 이것이 바로 기독교가 말하는 구원의 핵심이죠.

신앙 산책

나니아 연대기 : 사자, 마녀 그리고 옷장 (C.S. 루이스 원작, 2005년 영화)

옷장 하나로 시작된 놀라운 모험 이야기가 있습니다. 네 명의 형제자매(피터, 수잔, 에드먼드, 루시)가 낯선 세상 나니아에서 겪게 되는 특별한 여정이죠. 이 이야기는 단순한 모험을 넘어서 우리의 신앙 여정과도 닮아있습니다.

에드먼드의 이야기는 특히 우리에게 인상 깊습니다. 그는 마녀가 건넨 달콤한 유혹(터키쉬 딜라이트)에 넘어가 형제자매를 배신하게 됩니다. 이는 마치 우

> **지도자 TIP**
>
> "나니아 연대기"는 C.S. 루이스의 판타지 소설을 원작으로 한 이야기입니다.
> 2차 세계대전 중, 네 남매(피터, 수잔, 에드먼드, 루시)는 공습을 피해 시골의 커크 교수 저택으로 보내집니다. 어느 날 막내 루시는 옷장을 통해 마법의 나라 '나니아'를 발견합니다.
> 나니아는 원래 평화로운 곳이었지만, 사악한 '하얀 마녀'의 지배로 100년간 영원한 겨울이 계속되고 있었습니다. 예언에 따르면 네 명의 인간 아이들(두 아들과 두 딸)이 나니아를 구할 것이라고 합니다.
> 에드먼드는 하얀 마녀의 유혹에 넘어가 배신자가 되지만, 결국 아슬란(나니아를 창조한 사자 신)의 희생으로 구원받습니다. 아슬란은 에드먼드 대신 죽었다가 부활하고, 네 남매는 나니아 군대를 이끌어 하얀 마녀와 전투를 벌입니다.
> 승리 후 네 남매는 나니아의 왕과 여왕이 됩니다.
> 피터는 최고 대왕, 수잔은 온화한 여왕, 에드먼드는 정의로운 왕, 루시는 용감한 여왕입니다.
> 성인이 된 후, 그들은 우연히 옷장을 통해 현실 세계로 돌아옵니다. 놀랍게도 현실에서는 단 몇 시간만 지났을 뿐이었고, 다시 어린이가 되어 있었습니다.
> 이 이야기는 믿음, 용기, 배신과 용서, 희생과 구원이라는 주제를 담고 있으며, 기독교적 상징도 포함되어 있습니다. 특히 아슬란의 희생과 부활은 예수 그리스도를 상징합니다.

리가 죄의 유혹에 넘어가는 순간과도 비슷하죠. 하지만 이야기의 진정한 힘은 그 다음에 있습니다.

나니아의 진정한 왕이자 구원자인 사자 아슬란은 마치 예수님처럼 에드먼드의 잘못을 대신해 자신을 희생합니다. 이를 통해 에드먼드는 용서받고 변화되며 마침내 진정한 용기와 지혜를 갖춘 왕으로 성장하게 됩니다.

우리 삶에서 만나는 '터키쉬 딜라이트' 같은 유혹은 무엇일까요?
아슬란의 희생적인 사랑은 예수님의 어떤 모습과 닮았나요?
에드먼드처럼 우리도 실수 후에 어떻게 새로워질 수 있을까요?

생각해 보기

사랑과 희생: 아슬란은 에드먼드를 위해 자신을 내어주었습니다. 이는 예수님의 십자가 사랑을 떠올리게 하지 않나요? 형제자매들이 서로를 위해 희생하는 모습도 진정한 사랑이 무엇인지 보여줍니다.

선택과 회개: 에드먼드는 터키쉬 딜라이트의 유혹에 넘어가 잘못된 선택을 했지만, 진심어린 회개를 통해 새로워졌습니다. 우리도 때로는 유혹에 넘어가고 실수하지만, 하나님께 돌아갈 수 있음을 기억해야 해요.

구원과 성장: 아슬란의 희생으로 나니아가 구원받고, 형제자매들이 진정한 왕과 여왕으로 성장하는 과정은, 우리가 하나님 안에서 어떻게 성장해 가는지를 보여줍니다.

- 내 삶에서 에드먼드처럼 유혹에 넘어간 경험이 있나요?
- 아슬란의 희생적인 사랑을 통해 예수님의 어떤 모습을 발견할 수 있나요?
- 나니아 연대기의 형제자매들처럼 나는 어떻게 하나님 안에서 성장하고 있나요?

정리하기

6. 나를 지으신 하나님은 어떤 분이십니까?
7. 하나님은 어떤 특성을 가지고 계십니까?
8. 하나님은 어떤 성품을 가지고 계십니까?
9. 하나님께서 세상과 사람을 창조하시고 무슨 말씀을 하셨습니까?
10. 오늘의 세상과 사람은 여전히 창조 때처럼 하나님께서 보시기에 좋습니까?
11. 그렇게 된 이유가 무엇입니까?
12. 죄는 무엇입니까?
13. 죄의 결과는 무엇입니까?
14. 죄에서 돌이키지 않으면 어떻게 됩니까?

6-14번 입교카드를 보면서 여러분의 이야기를 만들어볼까요? 천천히 질문을 읽고, 자신만의 생각과 경험을 이야기해 보세요. 여러분의 진실된 고백이 정답입니다.

3

예수 그리스도
예수님은 나의 구주, 하나님의 아들이십니다

예수님이 어떤 분이신지 더 깊이 알아가는 시간을 가져보려고 해요. 많은 사람이 예수님을 이야기하지만, 정작 예수님이 정말 어떤 분이신지 잘 모를 때가 있죠. 예수님은 놀라운 분이세요. 완전한 하나님이시면서도(vere Deus), 동시에 우리처럼 완전한 인간(vere homo)이셨어요. 이것은 마치 수수께끼 같지만, 바로 이 특별한 존재 때문에 예수님만이 우리를 구원하실 수 있었답니다.

이 과에서는 예수님이 이 땅에서 하신 일들도 자세히 살펴볼 거예요. 예수님은 하나님 나라를 가르치시고, 병든 자들을 고치시며, 하나님의 사랑을 보여주셨어요. 그리고 십자가에서 돌아가심으로써 우리를 위한 가장 큰 사랑을 보여주셨죠. 하지만 이야기는 여기서 끝나지 않아요. 예수님은 부활하셨고, 하늘로 올라가셨으며, 언젠가 다시 오실 거예요. 이런 예수님의 여정(CRUR : 십자가-부활-승천-재림)은 우리를 위한 하나님의 크신 구원 계획을 보여줍니다.

> **먼저 생각해 보기**

15. 예수님은 어떤 분이십니까?
16. 예수님은 하나님이십니까?
17. 예수님은 하나님이신데, 이 세상에 오셨으니 사람이기도 하신 건가요?
18. 그렇다면 예수님은 우리와 다른 존재라는 것입니까?
19. 예수님은 구약성경에서 예언하였던 그리스도가 맞습니까?
20. 그리스도라는 말은 무슨 뜻입니까?
21. 예수님은 이 땅에 어떻게 태어나셨습니까?
22. 예수님은 이 세상에 오셔서 어떤 일을 하셨습니까?
23. 예수님의 고난과 십자가에서의 죽음은 누구를 위한 것입니까?
24. 예수님은 죽음 후에 어떻게 됐습니까?
25. 예수님은 부활하신 후에 어떻게 됐습니까?
26. 예수님은 하늘에 오르신 다음 무엇을 하고 계십니까?
27. 예수님은 언제 다시 오십니까?

마음 열기 : 참-참-거짓

> 이렇게 해요

1. 두 명씩 짝을 지어 마주 앉아요

2. 서로 대화를 나눠요

나의 첫인상은 어땠나요?

아침에 일어나서 처음 하는 일은?

가장 행복했던 순간은?

100만 원이 생긴다면?

3. 재미있게 대화하기

이야기하면서 한 가지 거짓말을 섞어보세요.

상대방의 거짓말을 찾아보세요.

4. 대화 중 "멈춰!" 게임

선생님이 "멈춰!" 하면 대화를 멈추고

선생님이 갑자기 말씀하시는 주제의 단어 5개를 빨리 써보세요. (예시 : 색깔, 꽃이름, 나라이름, 지하철 역이름, 과일 종류, 예수님 제자 이름 등)

먼저 쓴 사람이 이기고, 진 사람은 옆자리로 이동!

5. 마무리로, 서로 했던 거짓말을 공개해 봐요.

말씀 열기

다음 성경 구절 중 하나를 선택해서 성경을 직접 펼쳐서 돌아가며 읽어볼까요?

딤전 2:5 | 마 16:16 | 요 1:1 | 요 20:28 | 롬 9:5 | 요 1:14 | 갈 4:4 | 히 4:15 | 요일 3:5
마 1:21 | 요 5:39 | 벧전 1:10 | 요 15:15 | 히 1:2 | 히 2:17 | 히 7:25 | 롬 5:1 | 고전 15:25
골 1:18 | 롬 16:19 | 마 1:18 | 눅 1:35 | 마 4:24 | 마 9:35 | 엡 1:7 | 행 2:38 | 눅 24:46
고전 15:4 | 행 1:3 | 행 1:9 | 막 16:19 | 롬 8:34 | 엡 1:23 | 행 1:11 | 고후 5:10 | 히 9:27

찾은 구절들을 아래 그림들과 연결해 보세요.
말씀을 읽으며 떠오른 생각이나 느낌을 적어보세요.
친구들과 함께 나누고 싶은 이야기가 있다면 써보세요.

I-Faith : 질문과 고백

1. Vere Deus, Vere Homo

Q 예수님은 어떤 분이십니까?
예수님은 하나님이십니까?
예수님은 하나님이신데, 이 세상에 오셨으니 사람이기도 하신 건가요?
그렇다면 예수님은 우리와 다른 존재라는 것입니까?

A 예수님은 진짜 하나님, 진짜 사람이십니다.

세상에는 정말 특별한 분이 계십니다. 바로 예수님입니다. 예수님은 우리가 이해하기 어려울 만큼 독특하신 분인데, 그 이유는 예수님이 완전한 하나님이시면서 동시에 완전한 사람이시기 때문입니다. 이것을 라틴어로 'Vere Deus, Vere Homo'(참 하나님, 참 사람)라고 해요. 그리고 이것은 예수님을 향한 우리의 고백이기도 합니다.

예수님은 우리처럼 이 땅에서 살아가셨어요. 배고픔도 느끼시고, 피곤할 때도 있으셨고, 친구들과 함께 시간을 보내는 것도 좋아하셨죠. 기쁠 때도 슬플 때도 있으셨어요. 마치 우리의 가장 친한 친구처럼, 우리의 모든 감정과 경험을 함께 하셨답니다. 하지만 동시에 예수님은 놀라운 일들을 하셨어요.

물 위를 걸으시고, 병든 사람을 고치시고, 죽은 사람도 살리셨죠. 왜냐하면 예수님은 하나님이시니까요. 우리의 가장 친한 친구이면서도, 우리를 구원하실 수 있는 능력을 가지신 분이에요.

- 각자 가지고 있는 말씀 구절 중에서 이 Vere deus, Vere homo에 해당되는 말씀카드를 내어 볼까요? 이 말씀카드가 왜 그런지 설명해 봅니다.

- 그림은 라파엘로가 그린 '변모산 사건'(Transfiguration) 입니다. 왜 이 그림이 Vere deus, Vere homo를 의미하는지 이야기 나누어 봅니다.

라파엘로, 그리스도의 변모

2. 그리스도의 To-Do List

Q 예수님은 구약성경에서 예언하였던 그리스도가 맞습니까?
그리스도라는 말은 무슨 뜻입니까?
예수님은 이 땅에 어떻게 태어나셨습니까?
예수님은 이 세상에 오셔서 어떤 일을 하셨습니까?

A 예수님은 그리스도로서, 가르치시고, 고치시고, 다스리시고, 구원하십니다.

예수님도 특별한 사명을 가지고 오셨습니다. 그런데 예수님의 사명은 위인이나 영웅들과는 분명 달랐습니다. 다른 이들은 할 수 없는 구원자의 사명으로 오셨습니다. 바로 그리스도입니다.

그리스도 예수님은 하나님의 크신 사랑을 우리에게 직접 보여주시기 위해 오셨습니다. 마치 선생님이 우리에게 새로운 것을 가르쳐주시듯, 예수님은 하나님 나라에 대해 가르쳐주셨습니다. 그런데 예수님은 말씀만 하신 게 아니라, 직접 보여주셨답니다. 아픈 사람을 고치시고, 슬픈 사람을 위로하시고, 소외된 사람들에게 다가가셨어요. 보지 못하는 사람이 볼 수 있게 되고, 걷지 못하는 사람이 뛰어다니게 되는 놀라운 일들이 일어났죠. 이런 일들을 통해 예수님은 하나님의 사랑이 얼마나 실제적인지 보여주셨어요. 더 놀라운 건, 예수님이 지금도 우리와 함께하신다는 거예요. 우리의 가장 친한 친구처럼, 우리의 기쁨과 슬픔을 함께 나누시며 우리를 하나님께로 이끌어주고 계신답니다.

예수 그리스도를 나타내는 '익투스'(ΙΧΘΥΣ)라는 단어는 그리스어로 물고기를 뜻하며, 초기 기독교인들이 예수님을 상징하는 비밀 기호로 사용했습니다. 익투스는 각 글자가 예수님을 설명하는 문장의 첫 글자들로 이루어져 있습니다.

I - Ἰησοῦς (Iēsous) : 예수 (Jesus)

Χ - Χριστός (Christos) : 그리스도 (Christ)

Θ - Θεοῦ (Theou) : 하나님의 (of God)

Υ - Υἱός (Huios) : 아들 (Son)

Σ - Σωτήρ (Sōtēr) : 구세주 (Savior)

ΙΧΘΥΣ를 합쳐서 나만의 멋진 문양 혹은 로고를 만들어봅니다.

3. 구원의 여정 CRUR(Cross-Rise-Up-Return)

Q 예수님의 고난과 십자가에서의 죽음은 누구를 위한 것입니까?
예수님은 죽음 후에 어떻게 됐습니까?
예수님은 부활하신 후에 어떻게 됐습니까?
예수님은 하늘에 오르신 다음 무엇을 하고 계십니까?
예수님은 언제 다시 오십니까?

A 예수님은 십자가에 달리시고, 부활하시고, 하늘에 오르시고, 다시 오십니다.

Cruor는 피 또는 혈액을 의미하는 라틴어에서 유래된 영어 단어입니다. 우리를 위해 흘리신 예수님이 우리를 위해 흘리신 피를 생각하며, 구원의 여정 CRUR을 기억하세요.

첫째로, **Cross(십자가)**에요. 예수님은 우리를 너무나 사랑하셔서 십자가를 지셨어요. 마치 친구를 위해 큰 희생을 하는 것처럼 예수님은 우리를 위해 자신을 내어주셨죠.

둘째는 **Rise(부활)**예요. 슬픈 이야기가 여기서 끝나지 않았어요! 예수님은 3일 만에 다시 살아나셨어요. 이것은 마치 긴 겨울이 지나고 봄이 오는 것처럼, 새로운 희망과 생명의 시작이었답니다.

셋째는 **Up(승천)**이에요. 예수님은 하늘로 올라가셨어요. 하지만 이건 작별인사가 아니었어요. 예수님은 지금도 우리를 위해 하나님께 기도하고 계시죠.

마지막은 **Return(재림)**이에요. 예수님은 우리에게 꼭 다시 오겠다고 약속하셨어요. 그날이 오면 모든 것이 새로워지고, 더 이상 슬픔도 아픔도 없을 거예요.

각자 가지고 있는 말씀 구절 중에서 이 그림에 해당하는 말씀카드를 내어봅니다. 말씀카드를 선택한 이유를 설명해 봅니다.

신앙 산책

"레 미제라블 : 용서와 구원의 이야기"(빅토르 위고 원작, 2012년 영화)

19세기 프랑스, 한 조각의 빵을 훔친 죄로 19년간 감옥살이를 한 장발장이 있었습니다. 출소 후에도 전과자라는 낙인 때문에 모두가 그를 외면했죠. 그러던 어느 날, 그는 디뉴 신부님을 만나게 됩니다. 장발장이 교회의 은촛대를 훔쳤음에도 신부님은 그를 용서하고 오히려 더 많은 은그릇을 선물합니다. 이 놀라운 은혜의 경험은 장발장의 인생을 완전히 바꾸어 놓았어요. 신부님의 용서로 새로운 삶을 시작한 장발장은 자신의 이름과 과거를 버리고 시장이 되어 많은 사람을 돕습니다. 특히 불행한 운명의 판틴을 돕고, 그녀의 딸 코제트를 자신의 딸처럼 키우며 진정한 사랑을 실천하죠. 하지만 경찰관 자베르는 끊임없이 장발장의 과거를 쫓습니다. 이 이야기는 우리에게 구원이 무엇인지 생각하게 합니다. 디뉴 신부님의 용서가 예수님의 은혜를, 장발장의 변화된 삶이 우리의 구원받은 모습을, 자베르가 쫓는 법의 심판은 우리를 얽매던 죄의 사슬을 떠올리게 해요.

> 생각해 보기

용서와 새로운 시작: 디뉴 신부님은 은촛대를 훔친 장발장을 용서하고 오히려 더 많은 것을 내어주었습니다. 이는 우리의 죄를 용서하시고 새 생명을 주시는 하나님의 은혜를 보여줘요. 한순간의 용서가 한 인생을 완전히 바꾸어 놓을 수 있다는 것을 보여줍니다.

변화와 헌신: 은혜를 경험한 장발장은 완전히 새로운 삶을 살았습니다. 자신의 모든 것을 버리고 다른 이들을 위해 살아가는 모습은, 예수님을 만난 후 우리가 어떻게 변화되어야 하는지를 보여주죠. 특히 코제트를 향한 그의 헌신적인 사랑은 우리를 향한 하나님의 사랑을 떠오르게 합니다.

율법과 은혜: 자베르는 엄격한 법을 대표하고, 디뉴 신부님은 따뜻한 은혜

> 지도자 TIP

주인공 장 발장은 빵을 훔친 죄로 19년간 감옥살이를 합니다. 출소 후 미리엘 신부의 자비로 새 삶을 살기로 결심하지만, 자베르 경감의 끈질긴 추적을 받습니다. 발장은 가명으로 마들렌이라는 사업가가 되어 성공합니다. 어느 날 공장 노동자 판틴을 돕게 되는데, 그녀는 불행한 삶 끝에 죽음을 맞이합니다. 발장은 판틴의 딸 코제트를 데려와 키우기로 약속합니다. 코제트는 테나르디에 부부의 여관에서 학대받고 있었습니다. 발장은 코제트를 구출해 파리로 도망가 숨어 살며 그녀를 딸처럼 키웁니다. 세월이 흘러 코제트는 마리우스라는 젊은 혁명가와 사랑에 빠집니다. 1832년 파리 봉기 때 마리우스가 부상을 입자, 발장은 하수구를 통해 그를 구출합니다. 이 과정에서 자베르는 발장의 선함을 깨닫고 정체성의 혼란을 겪다 자살합니다. 발장은 코제트의 행복을 위해 자신의 과거를 숨긴 채 물러나지만, 결국 마리우스가 진실을 알게 됩니다. 마리우스와 코제트는 발장을 찾아가고, 발장은 사랑하는 이들 곁에서 평화롭게 생을 마감합니다.
이 이야기는 정의와 자비, 법과 도덕, 혁명과 사랑이라는 주제를 다룹니다. 특히 발장의 구원과 속죄의 여정, 무조건적 사랑의 가치를 보여줍니다.

를 보여줍니다. 이는 우리를 얽매는 율법과 우리를 자유롭게 하는 하나님의 은혜를 대비시키죠. 결국 진정한 변화는 법이 아닌 사랑에서 온다는 것을 깨닫게 됩니다.

- 내 삶에서 용서를 경험한 적이 있나요?
- 장발장처럼 은혜를 받은 후, 나는 어떻게 변화되고 있나요?
- 나는 법과 규칙으로, 아니면 은혜와 사랑으로 살고 있나요?

정리하기

15. 예수님은 어떤 분이십니까?
16. 예수님은 하나님이십니까?
17. 예수님은 하나님이신데, 이 세상에 오셨으니 사람이기도 하신 건가요?
18. 그렇다면 예수님은 우리와 다른 존재라는 것입니까?
19. 예수님은 구약성경에서 예언하였던 그리스도가 맞습니까?
20. 그리스도라는 말은 무슨 뜻입니까?
21. 예수님은 이 땅에 어떻게 태어나셨습니까?
22. 예수님은 이 세상에 오셔서 어떤 일을 하셨습니까?
23. 예수님의 고난과 십자가에서의 죽음은 누구를 위한 것입니까?
24. 예수님은 죽음 후에 어떻게 됐습니까?
25. 예수님은 부활하신 후에 어떻게 됐습니까?
26. 예수님은 하늘에 오르신 다음 무엇을 하고 계십니까?
27. 예수님은 언제 다시 오십니까?

15-27번 입교카드를 보면서 여러분의 이야기를 만들어볼까요? 천천히 질문을 읽고, 자신만의 생각과 경험을 이야기해 보세요. 여러분의 진실된 고백이 정답입니다.

4

성령님
우리를 이어주는 성령 하나님

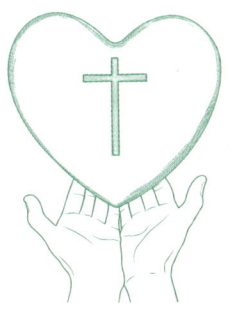

이 과에서는 성령님이 어떤 분이신지 알아봅니다. 많은 사람이 성령님을 추상적이고 이해하기 어려운 분으로 생각하지만, 성령님은 우리 가까이에서 하나님과 예수님을 우리에게 연결해 주시는 특별한 분이시죠. 우리는 성령님의 역사하심을 자세히 살펴볼 거예요.

성령님은 우리에게 하나님의 뜻을 알려주시고, 예수님을 믿게 하시며, 우리의 마음을 새롭게 변화시켜 주세요. 또한 우리가 기도할 때 도와주시고, 말씀을 이해하도록 지혜를 주시며, 하나님의 자녀로서 살아갈 힘을 주시죠.

성령님은 우리 각자의 삶 속에서도 특별히 일하세요. 우리의 은사와 재능을 발견하게 하시고, 하나님의 사랑을 경험하게 하시며, 교회 공동체 안에서 서로 사랑하며 섬기도록 이끄세요. 성령님과 함께할 때, 우리는 진정한 기쁨과 평안을 누리며 하나님의 자녀로서 성장할 수 있습니다.

> **먼저 생각해 보기**

28. 성령님은 어떤 분이십니까?
29. 성령님이 아버지와 아들로부터 보냄을 받은 영이라는 것은 어떤 의미입니까?
30. 성령님은 어떤 활동을 하십니까?
31. 성령님과 그리스도의 사역은 어떤 관계가 있습니까?
32. 구원은 무엇입니까?
33. 성령님이 우리 구원을 위해 하시는 일은 무엇입니까?
34. 구원을 위해 우리가 해야 하는 것은 무엇입니까?
35. 믿음은 무엇입니까?
36. 예수님을 믿으면 어떻게 됩니까?
37. 예수님을 믿으면 우리는 어떻게 변화됩니까?
38. 구원의 완성은 무엇입니까?
39. 하나님(성부), 그리스도(성자), 성령은 어떤 관계입니까?
40. 성경은 어떤 책입니까?
41. 성경은 왜 필요합니까?
42. 성경의 핵심내용은 무엇입니까?

마음 열기 : 점으로 말해요

이렇게 해요

준비물 : 흰 카드 10장, 검은색 펜 또는 원형 스티커

1. 점카드를 만들어요.
카드에 자유롭게 점을 그려요 (점의 개수, 크기, 위치는 자유롭게)
10장의 카드를 모두 채워요.

2. 카드를 나눠 가져요.
완성된 카드를 한곳에 모으고, 각자 5장씩 나눠 가져요.

3. 이야기를 만들어요.
가진 카드로 순서를 자유롭게 배열해요.
점의 모양과 배열을 보고 내가 생각하는 성령님에 대한 이야기를 만들어요.
예) "두 개의 점이 서로 마주보고 있네요. 이것은 성령님께서 우리와 하나님 사이에서 연결해 주는 중보자 모습 같아요."

4. 서로 만든 이야기를 나눠요.

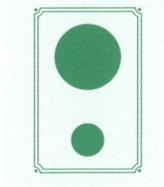  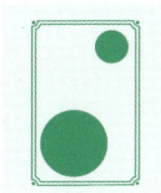 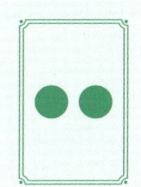

말씀 열기

다음 성경 구절 중 하나를 선택해서 성경을 직접 펼쳐서 돌아가며 읽어볼까요?

롬 8:9 | 갈 4:6 | 요 15:26 | 요 16:13 | 출 31:3 | 삼상 11:6 | 행 2:3 | 행 2:17 | 딛 3 : 5-6
롬 8:16 | 고전 6:19 | 엡 2:22 | 히 10:39 | 고전 2:10 | 엡 1:17
시 51:3 | 엡 4:22-24 | 엡 3:17 | 갈 2:20 | 롬 3:22 | 갈 2:16 | 빌 3:9
엡 3:15-16 | 골 1:10-11 | 고전 15:44 | 고전 15:51 | 빌 3:21 | 롬 9:5
요 10:30 | 엡 4:6 | 고후 13:13 | 딤후 3:16 | 벧후 1:21 | 엡 2:8 | 엡 2:20
히 13:7 | 딤전 4:13 | 계 1:3 | 롬 10:4 | 요 5:39

찾은 구절들을 아래 그림들과 연결해 보세요.
말씀을 읽으며 떠오른 생각이나 느낌을 적어보세요
친구들과 함께 나누고 싶은 이야기가 있다면 써보세요.

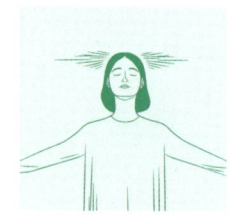

I-Faith : 질문과 고백

1. 구원을 위한 연결고리

Q 성령님은 어떤 분이십니까?
성령님이 아버지와 아들로부터 보냄을 받은 영이라는 것은 어떤 의미입니까?
성령님은 어떤 활동을 하십니까?
성령님과 그리스도의 사역은 어떤 관계가 있습니까?

A 성령님은 나를 하나님, 예수 그리스도와 함께 이어주십니다.

성령님은 우리를 성부, 성자 하나님과 연결해 주시는 하나님이세요. 우리가 하나님을 '아버지'라고 부를 수 있는 것도, 예수님을 나의 구원자로 믿을 수 있는 것도 모두 성령님이 우리 안에 계시기 때문이랍니다. 바울도 이것을 이야기했죠. 마치 끈이 두 개의 물건을 연결하듯, 성령님은 우리를 하나님과 예수님께 이어주세요. 예수님이 부활하시고 하늘로 올라가신 후, 제자들이 모여 있던 다락방에 성령님이 불과 바람처럼 오셨어요. 그 이후로 지금까지 성령님은 예수님을 믿는 모든 사람에게 오셔서 우리를 구원으로 이끄세요. 성령님이 계시기에 우리는 "예수님은 나의 구원자"라고 고백할 수 있고, 십자가의 의미를 이해하며, 새로운 생명으로 살아갈 수 있답니다.

2. 성령님은 우리의 24시간 구원 내비게이션!

Q 구원은 무엇입니까?
성령님이 우리 구원을 위해 하시는 일은 무엇입니까?
구원을 위해 우리가 해야 하는 것은 무엇입니까?
믿음은 무엇입니까? 예수님을 믿으면 어떻게 됩니까?
예수님을 믿으면 우리는 어떻게 변화됩니까?
구원의 완성은 무엇입니까?
하나님(성부), 그리스도(성자), 성령은 어떤 관계입니까?

A 성령님은 우리의 구원을 위해 언제나 쉬지 않고 우리가 예수 그리스도를 믿게 하세요.

스마트폰의 내비게이션처럼 우리의 길을 안내하고, 잘못된 길로 갈 때 다시 돌아오게 하며, 목적지까지 안전하게 이끄는 분이 계십니다. 바로 성령님이세요. 성령님은 우리의 구원을 위해 24시간 쉬지 않고 일하시는 특별한 분이랍니다. 성령님은 우리의 영적 눈을 밝히시는 분이에요. 마치 어두운 방에 불을 켜듯, 하나님의 말씀을 읽을 때 그 의미를 깨닫게 해주시고, 우리의 잘못된 모습도 보게 하셔요. 그리고 더 놀라운 것은 우리가 그 잘못을 인정하고 하나님께 돌아갈 수 있는 용기도 주신답니다.

또한 성령님은 우리에게 가장 소중한 선물인 '믿음'을 주시는 분이에요. 우리가 예수님을 나의 구원자로 고백하고, 그분의 모습을 닮아가며 살아갈 수 있는 것은 모두 성령님이 우리 안에서 일하시기 때문이죠. 이렇게 일하시는 성령님은 혼자가 아니라 성부 하나님, 성자 예수님과 완벽한 팀워크를 이루고 계세요. 마치 세 명의 친구가 하나의 목표를 위해 함께 일하는 것처럼 성령님은 성부, 성자와 함께 우리의 구원을 위해 끊임없이 일하고 계신답니다.

3. 성경 : 구원의 약속과 소망 메시지

Q 성경은 어떤 책입니까?
성경은 왜 필요합니까?
성경의 핵심 내용은 무엇입니까?

A 나는 하나님의 말씀 성경을 읽고, 예수 그리스도를 믿을 수 있습니다.

성경은 하나님께서 우리에게 주신 특별한 말씀이에요. 이 책은 우리에게 두 가지 중요한 것을 가르쳐줍니다. 첫째는 우리가 어떻게 구원을 받는지, 둘째는 구원받은 하나님의 자녀로서 교회와 세상에서 어떻게 살아가야 하는지예요.

성경의 모든 이야기는 예수 그리스도를 가리키고 있어요. 구약성경에서는 앞으로 오실 예수님에 대한 약속을, 신약성경에서는 이 땅에 오신 예수님의 이야기와 다시 오실 예수님에 대한 소망을 들려줍니다. 그래서 우리는 평생 말씀을 읽고 듣고 배워야 해요. 성경을 통해 예수님을 더 깊이 알아가고, 하나님의 자녀로 살아가는 지혜를 배울 수 있기 때문이랍니다.

신앙 산책 : 성령님과 동행한 사람들의 이야기

성령님은 시대를 넘어 사람들과 특별한 동행을 하셨어요. 오늘은 그중 두 명의 이야기를 살펴볼까요?

1. 광야의 리더, 모세

모세는 이스라엘 백성을 이끄는 힘든 여정 속에서 성령님의 도우심을 경험했어요. 40년이라는 긴 광야 생활 동안, 백성들의 불평과 요구가 늘어날 때마다 모세는 성령님의 지혜로 이끌어갔죠. 나중에는 70명의 지도자들과 함께 리더십을 나누었는데, 놀랍게도 하나님께서는 모세에게 주셨던 동일한 성령을 그들에게도 부어주셨어요. 모세는 이것이 너무나 기뻐서 "모든 백성이 다 선지자가 되면 좋겠다!"고 말했답니다.

2. 우리의 모범이 되신 예수님

예수님도 성령님과 특별한 관계셨어요. 베드로는 예수님을 이렇게 소개했죠. "하나님이 나사렛 예수에게 성령과 능력을 기름 붓듯 하셨고, 그래서 예수님은 두루 다니시며 선한 일을 행하시고 어려운 사람들을 도우셨다." 예수님은 성령님의 능력으로 사셨고, 우리에게도 동일한 성령님을 보내주시겠다고 약속하셨어요. 이처럼 성령님은 지금도 우리와 함께하시면서 우리를 하나님의 모습으로 변화시키고 계세요. 여러분도 이 특별한 동행에 초대받았답니다.

구약과 신약에서 성령이 임하시고 성령을 만난 사람들의 이야기를 찾아봅시다. (모세, 칠십인, 선지자, 사울, 다윗, 예수, 제자들, 오순절 사건 등)

정리하기

28. 성령님은 어떤 분이십니까?
29. 성령님이 아버지와 아들로부터 보냄을 받은 영이라는 것은 어떤 의미입니까?
30. 성령님은 어떤 활동을 하십니까?
31. 성령님과 그리스도의 사역은 어떤 관계가 있습니까?
32. 구원은 무엇입니까?
33. 성령님이 우리 구원을 위해 하시는 일은 무엇입니까?
34. 구원을 위해 우리가 해야 하는 것은 무엇입니까?
35. 믿음은 무엇입니까?
36. 예수님을 믿으면 어떻게 됩니까?
37. 예수님을 믿으면 우리는 어떻게 변화됩니까?
38. 구원의 완성은 무엇입니까?
39. 하나님(성부), 그리스도(성자), 성령은 어떤 관계입니까?
40. 성경은 어떤 책입니까?
41. 성경은 왜 필요합니까?
42. 성경의 핵심내용은 무엇입니까?

28-42번 입교카드를 보면서 여러분의 이야기를 만들어볼까요? 천천히 질문을 읽고, 자신만의 생각과 경험을 이야기해 보세요. 여러분의 진실된 고백이 정답입니다.

5

교회
믿음이 자라나는 구원의 품

교회는 하나님을 믿고 예수님을 구주로 고백하는 사람들이 함께 모여 믿음의 가족이 되는 특별한 공동체입니다. 마치 따뜻한 어머니의 품처럼 우리를 품어주고 길러주는 곳이에요. 갓난아기가 어머니의 돌봄으로 자라나듯이, 우리도 교회 안에서 믿음의 형제자매들과 함께 영적으로 성장해 가요. 우리는 특별히 장로교회 교인으로서, 하나님의 말씀을 바르게 배우고 예배하며 교회를 사랑하는 법을 배워갑니다.

교회가 단순한 건물이 아니라, 하나님의 사랑으로 하나 된 가족들이 함께 모여 믿음으로 자라나는 소중한 곳이라는 것을 발견하게 될 거예요. 우리가 예배하고, 헌금하고, 배우는 모든 것들이 이 특별한 가족의 일원으로 성장해 가는 과정입니다.

> **먼저 생각해 보기**

43. 교회는 어떤 곳입니까?
44. 많은 교회가 어떻게 그리스도의 한 몸이 될 수 있습니까?
45. 우리 교회가 속해 있는 장로교회의 특징은 무엇입니까?
46. 장로교회 안에는 어떤 직분이 있습니까?
47. 교회의 회원이 되려면 어떻게 해야 합니까?
48. 예수님을 믿으면 자동으로 교회의 회원이 됩니까?
49. 세례를 받은 후에는 교회에 출석하지 않아도 됩니까?
50. 하나님을 믿고 예수님을 구주로 고백하는 사람도 꼭 교회에 가야 합니까?
51. 예배란 무엇입니까?
52. 헌금(봉헌)은 무엇입니까?
53. 예배 외에 교회가 해야 하는 일은 무엇이 있습니까?

마음 열기 : 사랑합니다. 형제자매님!

이렇게 해요

준비물 : 의자 (참가자 수보다 1개 적게), 충분한 공간

1. 의자를 동그랗게 배치하고 앉아요.

2. 술래 한 명이 가운데 서서 시작해요.

술래 : "사랑합니다!"

모두 : "어떤 사람이요?"

술래 : "청바지 입은 자매님!" (특징을 말해요)

3. 게임 규칙

술래가 말한 특징에 해당하는 사람들은 모두 일어나서 자리를 바꿔요.

술래도 빈자리를 차지하려고 해요.

자리에 앉지 못한 사람이 새로운 술래가 돼요.

4. 주의 사항

옆자리로는 이동할 수 없어요.

특징은 눈에 보이는 것으로 말해요.

한 사람만 해당되는 특징은 피해요.

말씀 열기

다음 성경 구절 중 하나를 선택해서 성경을 직접 펼쳐서 돌아가며 읽어볼까요?

딤후 2:19 | 엡 1:23 | 고전 6:19 | 행 7:38 | 고전 1:2 | 히 12:22-23 | 엡 1:10
요 11:50 | 딤전 3:15 | 엡 2:1 | 골 2:19 | 엡 4:11 | 행 14:23 | 딤전 3:10 | 계 5:10
마 16:16 | 마 16:18 | 롬 10:10 | 마 28:19 | 행 2:38 | 골 2:12 | 행 2:46 | 히 10:25
갈 5:26 | 요일 2:19 | 시 5:7 | 시 132:7 | 요 4:23 | 고후 8:5 | 고후 9:7-8 | 딤전 4:13
엡 4:13 | 엡 4:16 | 마 9:35 | 마 28:19

찾은 구절들을 아래 그림들과 연결해 보세요.
말씀을 읽으며 떠오른 생각이나 느낌을 적어보세요
친구들과 함께 나누고 싶은 이야기가 있다면 써보세요.

  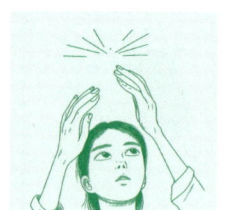

I-Faith : 질문과 고백

1. 교회, 구원으로 자라나는 영적 패밀리

Q 교회가 뭐라고 생각하나요?

A 단순한 건물? 예배드리는 장소? 아니에요! 교회는 그보다 훨씬 특별한 곳이랍니다. 교회는 예수님을 믿는 사람들이 모여 만드는 살아있는 공동체예요.

재미있는 사실은 이방인 지역에 처음으로 생긴 교회가 안디옥이었는데, 그곳 사람들이 예수님을 믿는 사람들을 보고 "아, 저 사람들이 그리스도인이구나!"하고 부르면서 시작되었답니다. 교회는 마치 우리의 두 번째 가족 같은 곳이에요. 우리가 예수님을 믿게 되면, 그때부터 우리는 새로운 영적 가족의 일원이 되는 거죠! 그리고 교회는 우리의 영적인 어머니 같은 존재예요. 마치 갓난아기가 엄마의 보살핌으로 자라나듯이, 우리도 교회라는 따뜻한 품 안에서 말씀과 예배로 자라나게 됩니다. 그래서 교회는 건물이 아니라 바로 우리 한 사람 한 사람이고, 우리가 모여 만드는 사랑의 공동체랍니다.

2. 예배, 하나님과 만나는 특별한 약속

Q 예배는 어떤 시간입니까?
A 예배는 하나님의 자녀들이 함께 모여 하나님을 만나는 귀중한 시간입니다.

매주 일요일, 우리는 교회에 모여 하나님을 찬양하고, 기도하며, 말씀을 듣고, 성찬식에 참여합니다. 이는 마치 사랑하는 가족이 함께 모이는 특별한 시간과 같습니다. 하지만 예배는 단순히 모이는 것 이상의 의미가 있습니다. 우리는 다음과 같이 예배합니다.

- 하나님께 감사와 찬양을 드립니다
- 우리의 것을 하나님께 드리며 헌금으로 참여합니다
- 하나님의 말씀을 배우고 깨달으며 성장합니다
- 믿음의 가족들과 교제하며 서로를 격려합니다
- 우리가 받은 사랑을 나누며 봉사합니다

이처럼 예배는 하나님과 만나는 자리이자, 우리가 그분의 자녀로서 책임을 다하는 시간입니다. 이 시간을 통해 우리는 하나님의 은혜를 경험하고, 그 은혜를 가지고 다시 세상으로 나아가게 됩니다.

3. 나는 장로교회 교인입니다

Q 누가 장로교인인가요?

A 장로교회는 16세기 종교개혁 시대에 스위스의 종교개혁자 칼뱅의 가르침을 따르는 교회입니다. '장로'라는 말은 성경에서 교회를 이끌어 가는 신실한 지도자를 뜻하는데, 이런 지도자들이 함께 모여 교회를 섬기는 것이 장로교회의 특징입니다.

장로교회에는 네 가지 중요한 직분이 있습니다.

목사: 말씀을 가르치고 성례를 집행하며 교회를 이끄는 직분
장로: 교회의 중요한 결정을 함께 하고 성도들을 돌보는 직분
집사: 교회의 여러 가지 봉사와 섬김을 담당하는 직분
권사: 신앙을 권하고, 성도와 이웃을 돌보는 직분

우리 교회의 특별한 점은 한 사람이 모든 것을 결정하지 않는다는 것입니다. 대신 목사와 장로들이 '당회'라는 모임을 통해 함께 의논하고 결정합니다. 이것은 서로를 견제하고 균형을 이루어 더 지혜로운 결정을 내리기 위함입니다. 장로교회는 성경을 가장 중요하게 여기며, "오직 성경으로!"라는 원칙을 따릅니다. 또한 우리는 예배를 드릴 때 말씀과 성례전(세례와 성찬)을 중요하게 생각하고, 모든 성도들이 함께 참여하는 것을 강조합니다.

신앙산책 : 우리 교회 어디까지 알고 있니?

1. 우리 교회에 대해 어디까지 알고 있니?

가장 멀리에서 오시는 분은 누구인가요?

교회 가장 오래 다니신 분은 누구인가요?

가족이 많이 다니는 가정은 어떤 가정인가요?

우리 교회 주제어는 무엇인가요?

이번 주일 주보가 몇 호였나요?

우리 교회 장로님은 몇 분이 계신가요?

교회 교회학교 부서는 몇 개인가요?

(교회와 관련된 질문을 만들어 보고 누가 더 많은 질문에 답을 할 수 있는지 활동해 봅시다.)

2. 우리 교회 소개와 함께 교회까지 오는 약도가 포함된 전도지를 만들어봅시다.

3. 대한예수교장로회 통합교단 홈페이지를 들어가서 교단의 로고를 보고 한번 그려봅니다. 그리고, 당회, 노회, 총회에 대해서 알아봅니다.

4. 모의 회의

목사님, 장로님, 집사님의 역할을 나누고, 다음 상황의 모의 회의를 열어봅니다.

상황 : 여러분은 교회의 선교위원회에 속해 있습니다. 지금 교회에 지역 사회 선교비 1천만 원의 사용방안을 당회에서 논의해야 합니다. 세 가지 방안이 있습니다.

1. 재능은 있지만, 형편이 어려운 학생들의 장학금을 지급한다.
2. 지역 사회의 어려운 이웃을 돕는 구제 선교비로 지출한다.
3. 한 청소년이 큰 수술을 받아야 한다. 수술을 위해서는 많은 비용이 든다. 상태는 점점 위급해지고 있다.

여러분이 목사, 장로, 집사라면 함께 모여 이 논의를 어떻게 해 나갈까요? 여러분이 교회의 주인공이라 생각하고 재미있게 회의해 볼까요?

정리하기

43. 교회는 어떤 곳입니까?
44. 많은 교회가 어떻게 그리스도의 한 몸이 될 수 있습니까?
45. 우리 교회가 속해 있는 장로교회의 특징은 무엇입니까?
46. 장로교회 안에는 어떤 직분이 있습니까?
47. 교회의 회원이 되려면 어떻게 해야 합니까?
48. 예수님을 믿으면 자동으로 교회의 회원이 됩니까?
49. 세례를 받은 후에는 교회에 출석하지 않아도 됩니까?
50. 하나님을 믿고 예수님을 구주로 고백하는 사람도 꼭 교회에 가야 합니까?
51. 예배란 무엇입니까?
52. 헌금(봉헌)은 무엇입니까?
53. 예배 외에 교회가 해야 하는 일은 무엇이 있습니까?

43-53번 입교카드를 보면서 여러분의 이야기를 만들어볼까요? 천천히 질문을 읽고, 자신만의 생각과 경험을 이야기해 보세요. 여러분의 진실된 고백이 정답입니다.

성례
구원의 문, 믿음의 길

여러분이 어린 시절 부모님과 함께 받은 유아세례의 의미를 돌아보고, 이제는 청소년으로서 자신의 믿음을 스스로 고백하는 시간을 가지려고 합니다. 우선 우리 신앙생활에서 중요한 의미를 갖는 의식들(성례인 세례, 성찬과 입교)을 알아보겠습니다. 그리고 여러분의 유아세례 사진이나 증서를 함께 보면서, 그때 부모님이 하신 약속의 의미를 생각해 보려고 합니다. 그리고 이제는 여러분이 스스로 예수님을 믿는다고 고백하고, 그 믿음 안에서 성장해나가는 새로운 여정을 시작하게 될 것입니다. 이것은 마치 부모님이 심어주신 작은 믿음의 씨앗이 여러분 안에서 자라나 이제는 스스로 뿌리를 내리고 열매를 맺어가는 과정과 같습니다. 함께 이 특별한 여정을 시작해 보지 않으시겠습니까?

문을 열고 나오니 두 갈래 길이 있습니다. 도착점으로 가는 길은 하나뿐이지만 문 앞에서 선택해야 하는 사람은 바로 '나'입니다.

> **먼저 생각해 보기**

54. 성례가 무엇입니까?
55. 세례는 무엇입니까?
56. 세례를 받는다는 것은 어떤 의미가 있습니까?
57. 세례는 어떤 사람이 받습니까?
58. 입교란 무엇입니까?
59. 입교자에게는 어떤 변화가 생깁니까?
60. 성찬은 무엇입니까?
61. 그리스도께서 성찬에 영적으로 임재하신다면, 성찬은 우리와 그리스도를 연합하게 하는 것이 되겠군요?
62. 성찬에 참여하려면 어떻게 해야 합니까?

마음열기 : 인생네컷 만들기

이렇게 해요

준비물: 어린 시절부터 현재까지의 사진 4장, 가위, 풀, 도화지 또는 컬러 종이, 필기도구, 스티커 (감정 표현용)

1. 사진 준비하기

유아세례/돌/유치원/초등학교/현재 등 기억에 남는 성장 과정이 담긴 사진 4장을 가져옵니다. 사진이 없다면 그림이나 설명으로 대체해도 좋습니다.

2. 사진 작업하기

각 사진에서 자신의 모습을 조심스럽게 오려냅니다.
오려낸 사진을 잃어버리지 않도록 잘 보관합니다.

3. 인생네컷 만들기

사진을 배열하고, 인생네컷을 만들어봅니다.

4. 이야기 나누기

완성된 작품을 친구들과 함께 보며, 서로의 성장 과정을 존중하며 경청합니다.
공감되는 부분이나 인상 깊은 이야기를 나눕니다.

말씀 열기

다음 성경 구절 중 하나를 선택해서 성경을 직접 펼쳐서 돌아가며 읽어볼까요?

마 28:19 | 고전 11:24-25 | 마 3:16 | 마 28:19 | 행 8:36 | 막 1:4 | 딛 3:5
막 16:16 | 롬 6:3-5 | 골 2:12 | 마 19:14 | 행 16:33 | 고전 1:16
고후 13:5 | 벧전 2:9 | 고전 11:24-25 | 고전 10:16-17 | 고전 11:28-29

찾은 구절들을 아래 그림들과 연결해 보세요.
말씀을 읽으며 떠오른 생각이나 느낌을 적어보세요.
친구들과 함께 나누고 싶은 이야기가 있다면 써보세요.

I-Faith : 질문과 고백

1. 성찬, 모두를 위한 예수님의 초대

Q 여러분은 소중한 사람과 함께하는 식사가 얼마나 특별한지 알고 계시죠?

A 성찬식은 예수님께서 우리에게 주신 가장 특별한 식사입니다.

성찬이란? 성찬은 예수님의 살과 피를 기념하며 우리의 영적 성장을 돕는 거룩한 식사입니다. 예수님께서 십자가에 돌아가시기 전날 밤, 제자들과 나누신 마지막 식사에서 시작되었습니다. 이때 예수님은 떡과 포도주를 나누시며 이렇게 말씀하셨어요.

- 떡은 우리를 위해 내어주신 예수님의 몸을 상징합니다
- 포도주는 우리를 위해 흘리신 예수님의 피를 상징합니다
- 이 식사를 통해 우리는 예수님과 하나가 되고, 믿는 사람들도 서로 하나가 됩니다

성경에서 찾아보는 성찬

마가복음 14장 22~25절에서는 예수님께서 제자들과 나누신 마지막 식사 장면이 나옵니다. 예수님은 이 식사를 통해 자신의 죽음이 우리를 구원하기 위한 것임을 보여주셨어요.

예수님의 특별한 초대

예수님은 생전에도 많은 사람들과 식사를 나누셨습니다. 그분은 누구든지 조건 없이 당신의 식탁에 초대하셨어요. 이것은 하나님 나라에서는 모든 사

람이 환영받는다는 것을 보여주시는 것이었습니다. 지금도 예수님은 성찬을 통해 우리 모두를 구원으로 초대하고 계십니다.

2. 초대교회의 성찬 VIP는 누구?

Q 성찬에 초대받은 VIP는 누구였을까요?

A 교회의 오랜 역사 속에서, 초대 교회 시대부터 오늘날까지, 성찬은 예수님을 기억하고 함께 나누는 거룩한 식사였습니다.

여기에 2세기의 저스틴이라는 교회 지도자는 재미있는 이야기를 들려줍니다. 그 당시 도시와 시골에서 모인 모든 사람이 성찬에 참여했는데, 여기에는 어린아이들도 포함되어 있었다고 합니다. 심지어 성찬식에 참석하지 못한 사람들을 위해 성찬 떡을 나누어 주기도 했답니다.

3세기의 키프리안은 이렇게 말했습니다. "하나님 앞에서는 어른이나 아이나 모두 동등합니다. 그래서 세례를 받은 아이들도 성찬에 참여할 수 있어요. 단, 아이가 스스로 원할 때 참여하는 것이 좋습니다."

유명한 교부 어거스틴은 성찬을 '생명의 양식'이라고 불렀습니다. 그는 세례를 받은 사람이라면 나이에 상관없이 누구나 이 특별한 식사에 참여할 수 있다고 가르쳤습니다.

> 알아두세요!

세례: 물로써 우리의 죄 사함을 받고 예수님과 하나 되는 것을 의미합니다
유아세례: 0-6세에 받는 세례
아동세례: 7-12세에 받는 세례
입교: 청소년이 되어 스스로 예수님을 믿는다고 고백하고 약속하는 것입니다
성찬참여: 세례를 받은 사람이라면 누구나 참여할 수 있습니다

이처럼 성찬은 예수님을 믿는 모든 사람들을 위한 특별한 식탁입니다. 여러분도 세례를 받았다면, 이 거룩한 식사에 참여할 자격이 있답니다.

3. 장로교회에서 성찬

Q 장로교회에 성찬이 중요한가요?

A 장로교회의 큰 스승인 칼뱅은 성찬에 대해 특별한 가르침을 남겼습니다. 그는 성찬이 우리의 신앙생활에서 얼마나 중요한지 이렇게 설명했습니다.

성찬에 대한 칼뱅의 가르침

떡과 포도주는 예수님의 몸과 피를 상징합니다.

성찬은 우리의 이성으로 완전히 이해할 수 없습니다.

오직 믿음으로 받아들이는 것입니다.

성령님께서 우리를 도우시는 시간입니다.

성찬은 설교만큼 중요합니다.

매주 드리는 것이 좋습니다.

화려하지 않고 단순하게 드려야 합니다.

우리의 약한 믿음을 강하게 해주는 은혜의 시간입니다

이처럼 성찬은 단순한 의식이 아니라 우리의 믿음을 자라게 하는 소중한 시간입니다. 칼뱅의 가르침처럼 우리도 성찬을 통해 하나님께 우리의 믿음을 드리고 은혜를 경험할 수 있습니다.

신앙산책 : 목소리극

마지막 만찬 - 목소리극 진행 안내

해설자, 예수님, 베드로, 요한, 안드레, 주인 역할(총 6명)을 나누고, 조용한 배경음악과 함께 연습합니다. 조용한 곳에서 각자의 감정을 담아 자연스럽게 연기하며 녹음을 진행합니다. 완성된 녹음은 예배나 성찬식 시간에 활용할 수 있습니다.

해설자 : 예수님의 4번째 유월절, 예루살렘에서 있었던 특별한 이야기를 들려드리겠습니다.

해설자 : 유월절을 앞두고, 제자들은 예수님께 음식을 준비할 장소를 여쭈었습니다.

안드레 : 주님, 저희가 주님께서 잡수실 유월절 음식을 어디에 준비할까요?

예　수 : 성안으로 들어가면 물동이를 이고 가는 사람을 만날 것이다. 그를 따라가거라. 그가 들어가는 집의 주인에게 '선생님께서 제자들과 함께 유월절 음식을 잡수실 방이 어디냐고 물으시더라' 하고 말하여라.

해설자 : 베드로와 안드레는 예루살렘 성안에서 예수님 말씀대로 집을 찾았습니다.

안드레 : 예수님과 함께 유월절 음식을 나눌 방을 찾고 있습니다만 혹 저희가 쓸 만한 큰 방이 있을까요?

주　인 : 네! 2층에 넓은 방이 있으니 그곳을 편히 쓰시면 됩니다. 예수님을 저희 집에 모시게 되어 큰 영광입니다.

해설자 : 저녁 식사 자리에서, 예수님은 제자들을 위해 놀라운 일을 하셨습니다. 조용히 일어나 겉옷을 벗으시고, 허리에 수건을 두르신 후 대야에 물을 담으셨습니다.

베드로: 주님, 제가 뭐 거들 일이라도 있을까요?

예　수: 내가 하는 일을 지켜보아라.

해설자: 예수님은 먼저 요한의 발을 씻기 시작하셨습니다.

요　한: 주님, 왜 이러십니까? 이는 하인들이 하는 일이 아닙니까?

예　수: 내가 하는 일을 지금은 너희가 이해하지 못하지만, 나중에는 알게 될 것이다.

베드로: 주님, 절대 안 됩니다! 제가 주님 발을 씻어드려도 부족한데……

예　수: 내가 너를 씻어주지 않으면, 너는 나와 아무 상관이 없게 된다.

베드로: 그렇다면 주님, 제 발뿐만 아니라 손과 머리까지도 씻어주십시오!

예　수: 이미 목욕한 사람은 발만 씻으면 된다. 너희는 이미 깨끗하다. 그러나 다 그런 것은 아니다.

해설자: 발을 씻기신 후, 예수님은 빵을 들고 기도하셨습니다.

예　수: 받아라. 이것은 너희를 위한 내 몸이다. 너희가 이를 행할 때마다 나를 기념하여 행하라.

해설자: 그리고 포도주 잔을 드시고

예　수: 이 잔은 내 피로 세우는 새 언약이다. 너희 죄를 사하기 위하여 흘리는 피다. 이것을 마실 때마다 나를 기념하여 행하라.

베드로: 주님, 유월절의 의미가 아버지 나라에서 온전히 이루어진다는 것은 무슨 뜻인지요?

예　수: 내가 고난을 받기까지 다시는 유월절 음식을 먹지 않을 것이다. 그러나 슬퍼하지 말라. 내가 너희를 고아와 같이 버려두지 않고 다시 올 것이다.

베드로: 주님, 저희는 영원히 주님과 함께하겠습니다!

예　수: 오늘 밤, 너희는 모두 나를 버릴 것이다.

해설자: 이것이 예수님과 제자들의 마지막 만찬이었습니다. 이 식사를 통해

예수님은 자신의 죽음과 부활을 미리 보여주셨고, 제자들에게 새로운 언약을 주셨습니다.

정리하기

54. 성례가 무엇입니까?
55. 세례는 무엇입니까?
56. 세례를 받았다는 것은 어떤 의미가 있습니까?
57. 세례는 어떤 사람이 받습니까?
58. 입교란 무엇입니까?
59. 입교자에게는 어떤 변화가 생깁니까?
60. 성찬은 무엇입니까?
61. 그리스도께서 성찬에 영적으로 임재하신다면, 성찬은 우리와 그리스도를 연합하게 하는 것이 되겠군요?
62. 성찬에 참여하려면 어떻게 해야 합니까?

54-62번 입교카드를 보면서 여러분의 이야기를 만들어볼까요? 천천히 질문을 읽고, 자신만의 생각과 경험을 이야기해 보세요. 여러분의 진실된 고백이 정답입니다.

7

하나님 나라 백성의 삶

하나님의 나라는 교회라는 공간을 넘어 우리의 가정, 학교, 일터, 그리고 이 땅의 모든 피조물에 이르기까지 하나님의 다스리심이 임하는 모든 곳을 의미합니다. 하나님의 나라는 하나님께서 왕으로 다스리시는 영역으로, 교회와 가정, 사회, 자연 등 모든 영역에서 이루어집니다. 그리고 우리는 이 하나님 나라의 청지기로 부름받았습니다. 청지기란 하나님께서 맡기신 모든 것을 잘 돌보고 관리하는 사람입니다.

우리에게는 하나님의 평화를 선포하고 실천하는 사명이 있습니다. 이는 단순히 전쟁이 없는 상태가 아닌, 모든 관계가 회복되고 하나님이 의도하신 본래의 조화로운 상태입니다.

하나님 나라의 백성으로 살아간다는 것은 마치 작은 씨앗이 자라나 큰 나무가 되어 열매를 맺는 것과 같습니다. 우리 각자의 삶의 자리에서 하나님의 다스리심을 인정하고, 그분의 뜻대로 살아갈 때 하나님 나라는 더욱 풍성하게 확장될 것입니다. 함께 이 거룩하고 특별한 여정을 시작해보지 않으시겠습니까?

> **먼저 생각해 보기**

63. 하나님 나라는 무엇입니까?
64. 우리는 하나님 나라의 백성으로 교회와 세상에서 어떻게 살아야 합니까?
65. 하나님 나라의 백성으로서 가정에서의 삶은 어떠해야 합니까?
66. 이웃과는 어떤 관계를 맺어야 합니까?
67. 국가를 어떻게 대해야 합니까?
68. 시간과 물질은 어떻게 사용해야 합니까?
69. 자연을 어떻게 대해야 합니까?
70. 하나님 나라의 백성으로서 그리스도인은 무엇을 희망하며 살아야 합니까?

마음 열기 : 나의 관계 동심원 그리기

여러분, 오늘은 우리와 관계를 맺고 있는 다양한 사람들을 생각해 보는 시간을 가져볼까요? 동심원을 그려가며 우리의 관계를 탐색해 봅시다.

준비물 : 종이(동심원이 그려진), 필기구

1. **가장 안쪽 원부터 바깥쪽 원까지 여러분과 관계된 사람들의 이름을 적어주세요.**

    안쪽 원 : 가장 가깝고 사랑하는 사람들
    중간 원 : 자주 만나는 사람들
    바깥 원 : 만나기 어렵거나 관계가 어려운 사람들
    맨 바깥 원 : 뉴스나 미디어를 통해 알게 된 사람들이나 집단들

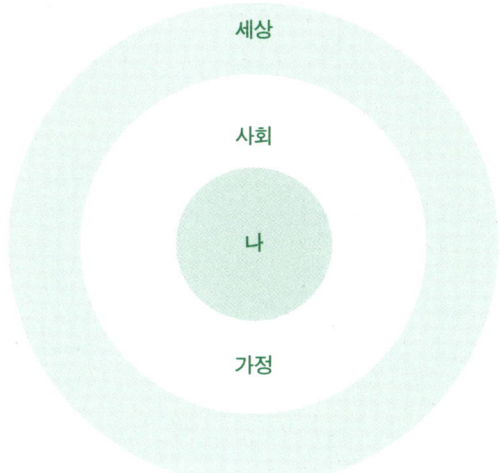

2. **다 적은 후에는 모둠별로 돌아가며 서로의 관계망을 살펴보고 이야기 나누어봅시다.**

　왜 그 사람을 그 위치에 적었나요?

　더 가까워지고 싶은 사람은 누구인가요?

　관계 개선이 필요한 사람은 누구인가요?

3. 이 활동을 통해 우리의 관계를 돌아보고, 하나님의 사랑으로 이 관계들을 어떻게 돌보며 책임질 수 있을지 함께 생각해 보아요.

말씀 열기

다음 성경 구절 중 하나를 선택해서 성경을 직접 펼쳐서 돌아가며 읽어볼까요?

막 1:1 | 막 1:15 | 마 6:10 | 고전 6:10 | 고후 1:5 | 빌 2:15
고전 14:12 | 마 5:13 | 엡 6:2 | 잠 17:1 | 눅 10:37 | 롬 14:18
롬 13:1-2 | 벧전 2:13-14 | 마 25:23 | 엡 5:16 | 창 2:15
롬 8:19-22 | 마 6:10 | 살전 4:13-17 | 고후 4:11 | 롬 6:13 | 고전 6:7

찾은 구절들을 아래 그림들과 연결해 보세요.
말씀을 읽으며 떠오른 생각이나 느낌을 적어보세요
친구들과 함께 나누고 싶은 이야기가 있다면 써보세요.

I-Faith : 질문과 고백

1. 하나님 나라 = 그리스도 구원 복음

Q 하나님 나라가 뭐예요?
A 하나님 나라는 하나님께서 주권자로 다스리시는 모든 곳을 의미합니다.

이는 단순히 교회 안에만 제한되지 않고, 우리의 가정과 학교, 일터, 그리고 이 땅의 모든 영역을 포함합니다. 특별히 하나님의 통치는 예수 그리스도의 구원 복음이 전해지고 그 은혜가 미치는 곳에서 이루어집니다. 그래서 우리는 하나님 나라가 곧 그리스도의 나라라고 말할 수 있어요.

하나님 나라의 백성인 우리는 이 세상에서 살아가는 시민이면서 동시에 예수 그리스도의 제자입니다. 교회와 세상은 분리된 것이 아니라, 우리는 세상 속의 교회로서 그리스도의 복음을 전하고 하나님 나라를 이루어 가는 사명을 가지고 있답니다. 우리가 있는 모든 곳에 바로 하나님의 나라가 이루어지는 것이지요.

2. I am response-able!! (나는 응답할 수 있어요!)

Q 하나님께서는 우리를 이 세상의 청지기로 부르셨다고요?

A 청지기로서의 책임(Response-ability)은 단순한 의무가 아니라, 하나님의 부르심에 대한 우리의 응답이에요.

하나님께서는 우리를 사랑하시고 강건하게 하셔서, 이 세상과 모든 관계 속에서 책임 있게 살아갈 수 있는 능력을 주셨답니다. 우리는 가족과 친구들과의 관계, 학교와 교회 공동체에서의 관계, 이웃과의 관계, 그리고 하나님이 창조하신 자연과의 관계 속에서 살아가고 있어요. 이 모든 관계 속에서 우리는 하나님의 사랑으로 응답하며 책임 있게 살아가도록 부름받았습니다. 이것이 바로 하나님 나라의 청지기로 살아가는 우리의 모습이지요.

다음은 우리가 하나님 나라의 청지기로서 책임질 수 있는 것들의 원칙입니다. 이 원칙들을 함께 읽어보고, 여러분의 삶에서 실천할 수 있는 일들을 찾아 관계의 동심원을 그려볼까요?

내가 책임질 수 있는 것들을 찾아보고, 그것들이 서로 어떻게 연결되어 있는지 생각하며 관계망을 다시 한번 살펴봅시다.

책임이 있다는 것(responsible)은 응답할 능력(response-able)이 있다는 것이다.
책임질 수 있는 사람은 :
1) 자기가 속한 세계의 방관자가 아니라, 그 속에 적극적으로 참여하는 사람이다.
2) 자신의 신념에 따라 행동하며, 자기 자신의 의사에 따라 결정한다.
3) "다른 사람 때문이야"라고 말하지 않는다. 자기 자신의 사명과 결정에 책임을 진다.
4) 변화를 가져올 수 있는 능력이 있다.
5) 큰 문제(세계적 빈곤, 환경문제 같은)들과 작은 문제들(생활 속 문제들)을 자신이 감당할 수 있는 범위 내에서 최선을 다하여 응답한다.
우리는 스스로 하나님 나라의 책임있는 청지기 역할을 감당합니다.

3. 샬롬 청소년

Q 그리스도의 제자가 된다는 것이 무슨 의미일까요?

A 그리스도의 제자가 된다는 것은 단순히 교회에 다니고 예배드리는 것만을 의미하지 않아요. 예수님을 따르는 청소년인 우리는 이 세상의 다양한 문제들에 관심을 가지고 책임 있게 행동하도록 부름받았습니다.

우리 주변에서 일어나는 불공정한 일들, 폭력, 차별, 환경 파괴와 같은 문제들을 그저 지나치지 않고, 예수님의 사랑으로 해결하려 노력하는 것이 진정한 제자의 모습이에요.

마치 예수님께서 세상의 아픔을 외면하지 않으시고 치유하셨던 것처럼, 우리도 이 시대의 문제들을 외면하지 않아요. 학교에서 따돌림당하는 친구를 돕고, 불공정한 일에 대해 목소리를 내며, 환경을 지키기 위해 작은 실천을 하는 것도 모두 제자의 사명이랍니다. 때로는 서로 다른 생각을 가진 사람들 사이에서 다리를 놓는 역할을 하기도 해요. 이렇게 우리가 있는 자리에서 평화와 정의를 실천할 때, 우리는 진정한 그리스도의 제자로 성장하게 되는 거예요.

이런 역할이 때로는 어렵고 두려울 수 있지만, 하나님께서는 우리와 함께 하시며 지혜와 용기를 주신답니다. 우리 함께 세상을 변화시키는 예수님의 제자가 되어볼까요?

신앙산책 : 하나님 나라 청지기 긴급채용!

준비물: 5×5 빙고판이 그려진 종이(1인당 1장), 필기도구

1. 이렇게 합니다

먼저 각자 빙고판을 받아주세요.

하나님 나라의 청지기가 되기 위해 필요한 자격이나 할 수 있는 일들을 생각해 보세요.

(예 : 매일 기도하기, 부모님 말씀 잘 듣기, 친구 돕기, 쓰레기 분리수거 하기 등)

생각한 내용을 빙고판 25칸에 자유롭게 적어주세요.

2. 우리가 하나님 나라 청지기로서 할 수 있는 일들을 다음 영역별로 생각해 봅시다.

가정에서는 어떤 일을 할 수 있을까요?

학교와 친구 관계에서는 어떤 일을 할 수 있을까요?

교회에서는 어떤 일을 할 수 있을까요?

환경을 위해서는 어떤 일을 할 수 있을까요?

세상과 이웃을 위해서는 어떤 일을 할 수 있을까요?

영역별로 나누어 여러 번 게임을 진행할 수도 있습니다.

모두 다 썼으면, 선생님이 불러주시는 청지기 자격들을 잘 듣고 빙고판에 있다면 동그라미 표시를 해주세요. 세로, 가로, 대각선으로 3줄을 먼저 완성하면 "하나님 나라 청지기!"라고 외쳐줍니다.

정리하기

63. 하나님 나라는 무엇입니까?

64. 우리는 하나님 나라의 백성으로 교회와 세상에서 어떻게 살아야 합니까?

65. 하나님 나라의 백성으로서 가정에서의 삶은 어떠해야 합니까?

66. 이웃과는 어떤 관계를 맺어야 합니까?

67. 국가를 어떻게 대해야 합니까?

68. 시간과 물질은 어떻게 사용해야 합니까?

69. 자연을 어떻게 대해야 합니까?

70. 하나님 나라의 백성으로서 그리스도인은 무엇을 희망하며 살아야 합니까?

63-70번 입교카드를 보면서 여러분의 이야기를 만들어볼까요? 천천히 질문을 읽고, 자신만의 생각과 경험을 이야기해 보세요. 여러분의 진실된 고백이 정답입니다.

부록 : 입교카드

10	9	8	7	6
5	4	3	2	1

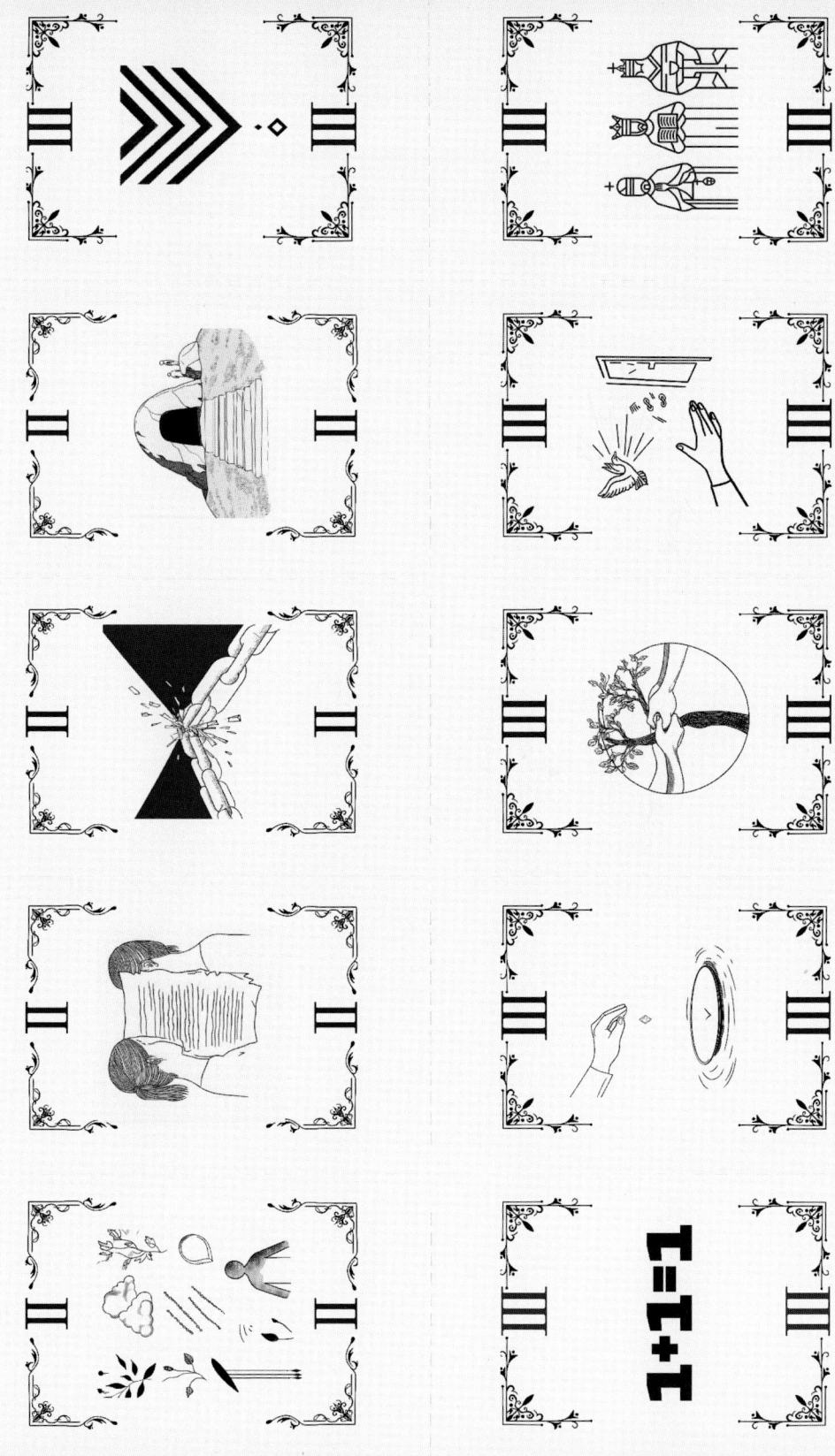

11 12 13 14 15
16 17 18 19 20

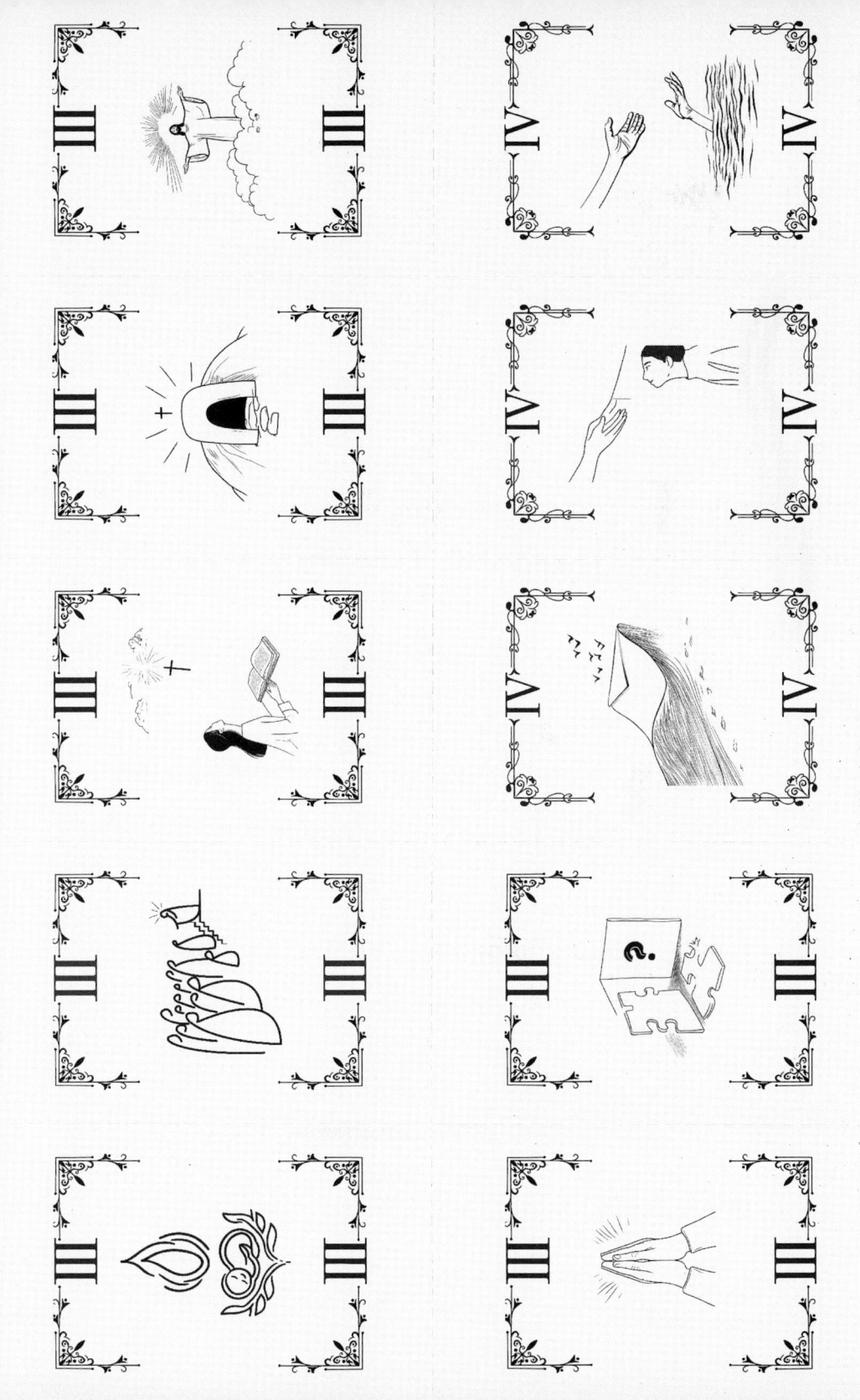

30	25
29	24
28	23
27	22
26	21

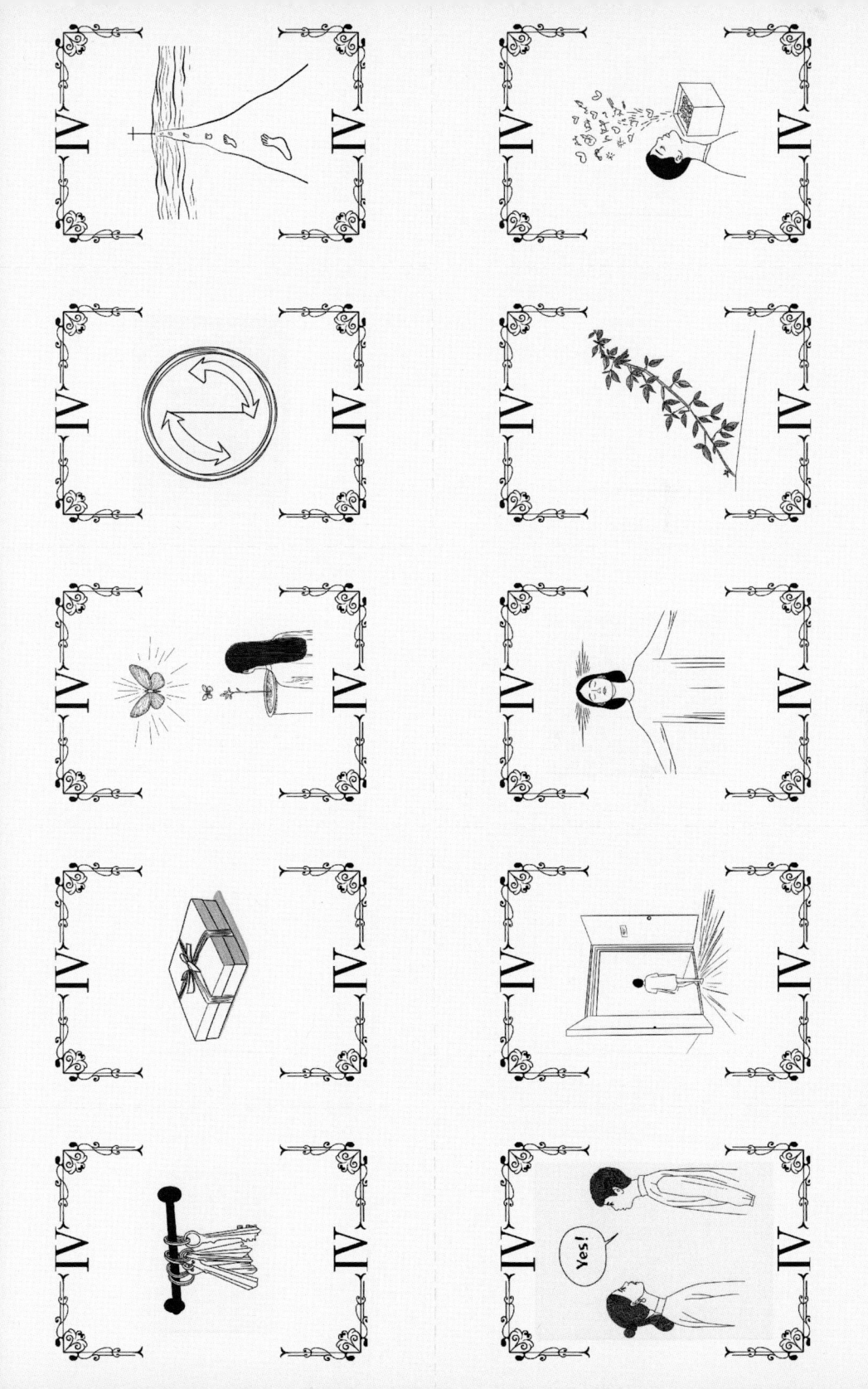

31 32 33 34 35
36 37 38 39 40

41 42 43 44 45 46 47 48 49 50

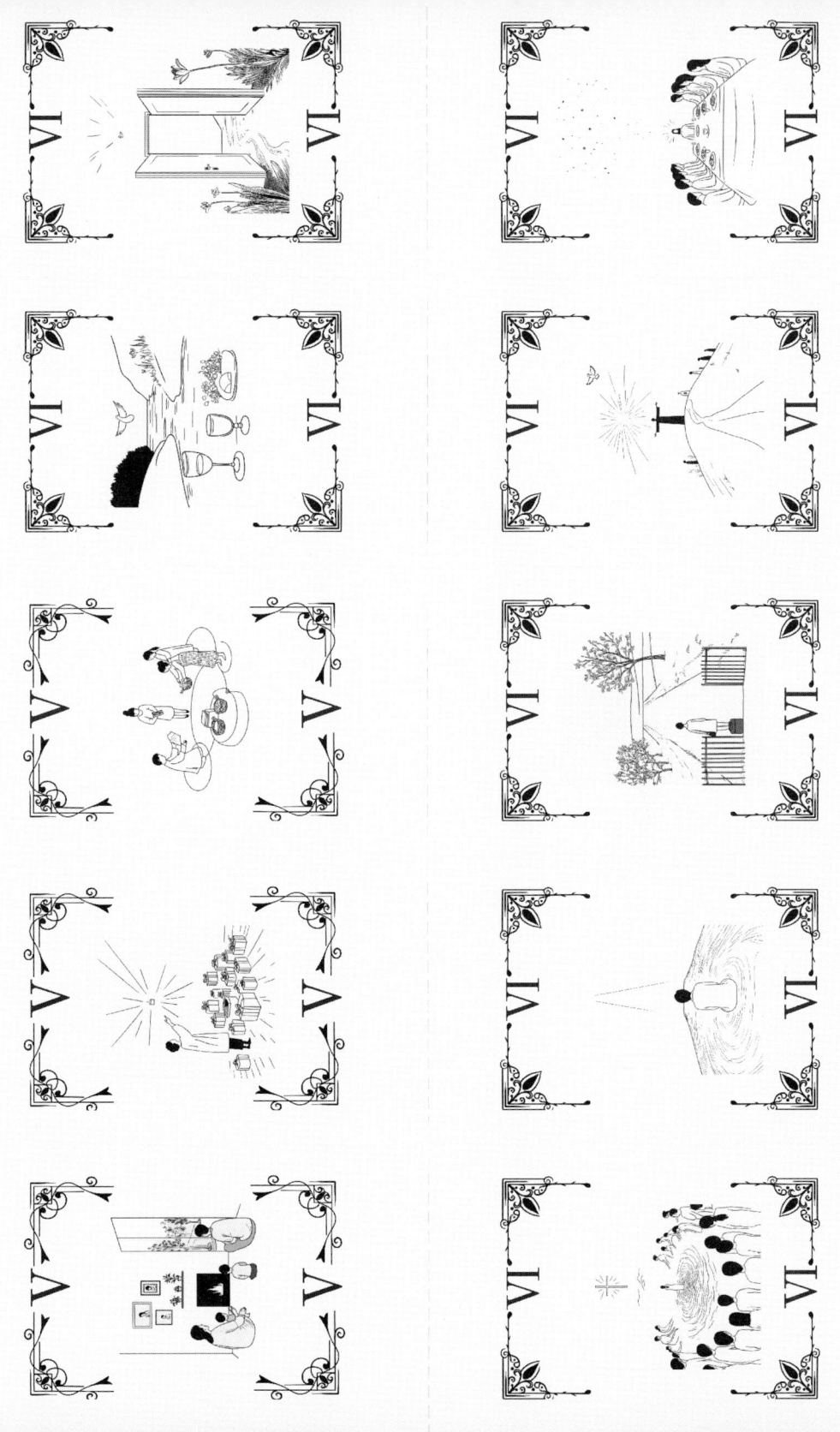

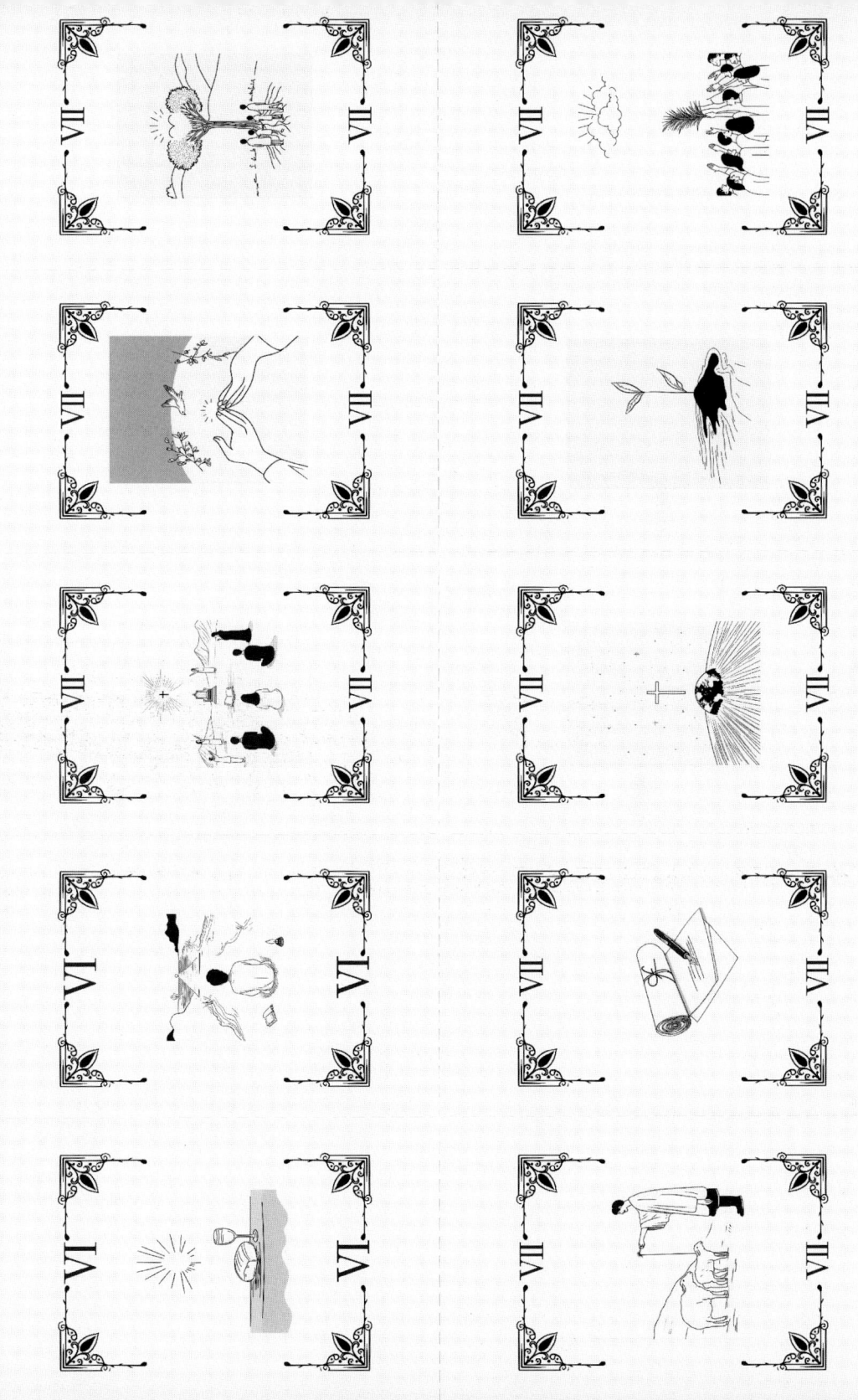

70	65
69	64
68	63
67	62
66	61

집필 안정도 박미향 송현진
기획편집 우진하
삽화 이신혜
감수 조용선 김선권

청소년 입교교육

I-Faith
내가 믿음을 걸어갑니다

초판발행　2025년 3월 15일
편 집 인　대한예수교장로회총회교육훈련처
　　　　　총무 전호영
주　　소　03128 / 서울시 종로구 대학로3길 29(연지동, 총회창립100주년기념관 7층)
전　　화　(02) 741-4356 / 팩스 741-3477
홈페이지　www.edupck.net

펴 낸 이　강성훈
펴 낸 곳　한국장로교출판사
주　　소　03128 / 서울시 종로구 대학로3길 29(연지동, 총회창립100주년기념관 4층)
편 집 국　(02) 741-4381 / 팩스 741-7886
영 업 국　(031) 944-4340 / 팩스 944-2623
홈페이지　www.pckbook.co.kr
등　　록　No. 1-84(1951. 8. 3.)

ISBN 978-89-398-4622-7
값 9,200원

※ 이 출판물은 저작권법에 의해 보호를 받는 저작물이므로 무단전재와 무단복제를 할 수 없습니다.